이미지로 배우는 일본어

박복원 저

그림을 통해서 자연스럽게 **일본어**를
익힐 수 있도록 제작된 **기초 일본어 학습서**

백산출판사

책을 펴내며

이 책은 일본어를 어떻게 시작해야 할지 망설이는 분, 빠른 시일 내에 일본어로 의사소통하고 싶어하는 분, 인터넷으로 일본 관련정보를 얻으려는 분, 일본여행이나 출장이 계획되어 있지만 일본어 때문에 고민하는 분들에게 재미있는 사진이나 그림을 통해서 자연스럽게 일본어를 익힐 수 있게 만든 기초 일본어 학습서입니다.

먼저 이미지를 이용하여 일본어 문자인 히라가나(ひらがな)부터 익힐 수 있도록 하였으며, 히라가나를 익힌 후에는 실생활에 필요한 일상회화를 자연스럽게 구사할 수 있도록 실제 생활 장면을 연상할 수 있는 사진이나 그림을 제시하여 일본어를 이미지화하였습니다. 따라서 실제 일상생활에서 사용되는 어휘와 표현만을 골라서 활용할 수 있도록 하는 것이 목적이기 때문에 필요 이상으로 형식적이거나 번거로운 문형은 생략하였습니다.

이 책은「Ⅰ. 문자편」,「Ⅱ. 문장편」,「Ⅲ. 워크북」으로 구성하였습니다.

「Ⅰ. 문자편」은 이미지를 통해서 히라가나의 문자, 청음, 탁음, 반탁음, 요음, 촉음, 장음, 한자, 외래어 등 일본어 문자를 익히는 내용입니다.「Ⅱ. 문장편」은 전체 11과로 구성하여 일본어의 숫자부터 동사활용까지 담아 일본어를 쉽게 공부할 수 있도록 하였습니다. 마지막으로「Ⅲ. 워크북」은 인사, 음식, 음료수, 요리, 집, 꽃, 가전제품, 스포츠, 건물 · 장소, 선물, 패션, 일본 언론사, 일본 자동차회사, 일본 전자회사, 일본 주류회사, 생활 표지 등 실생활에 필요한 일상적인 단어들을 이미지와 함께 제시하여 상황별로 편리하게 이용할 수 있도록 하였습니다.

아무쪼록 이 책이 일본어를 시작하는 분들에게 편안한 길잡이가 될 수 있기를 바라며, 이 책이 나오기까지 애써주신 백산출판사 사장님 이하 임직원 여러분께 지면으로나마 감사의 말씀을 드립니다.

2016년 여름
저자 씀

차 례

I · 문자편

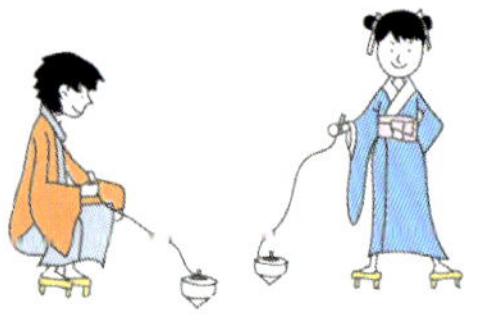

II · 문장편

Ⅲ · 워크북

I
문자편

1 문자

일본어 문자에는 히라가나(ひらがな)와 가타카나(カタカナ)가 있다.

❀ 히라가나 : 일반 문장에서 보편적으로 사용하는 기본 문자

あいうえおかきくけこ
さしすせそたちつてと
なにぬねのはひふへほ

❀ 가타카나 : 외래어 등을 표기할 때 사용하는 문자

アイウエオカキクケコ
サシスセソタチツテト
ナニヌネノハヒフヘホ

2 청음

	あ段	い段	う段	え段	お段
あ行	あ	い	う	え	お
か行	か	き	く	け	こ
さ行	さ	し	す	せ	そ
た行	た	ち	つ	て	と
な行	な	に	ぬ	ね	の
は行	は	ひ	ふ	へ	ほ
ま行	ま	み	む	め	も
や行	や	い	ゆ	え	よ
ら行	ら	り	る	れ	ろ
わ行	わ	い	う	え	を

あいうえお

a　i　u　e　o

❀ 우리말의 「아・이・우・에・오」와 같은 발음이다.

あさひ (아침 해)

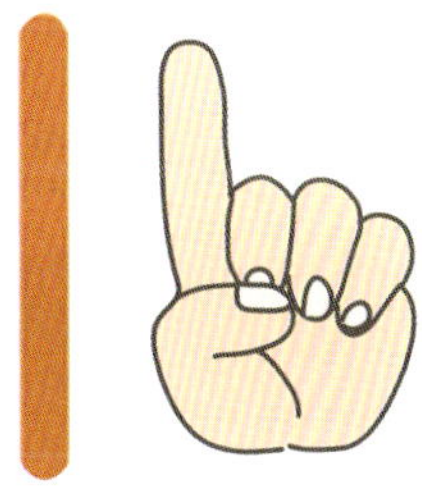

いち (일)

うどん (우동)

えび (새우)

おぼん (쟁반)

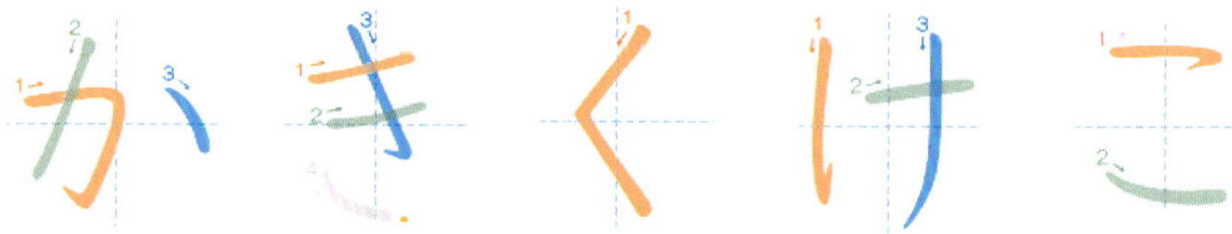

ka　ki　ku　ke　ko

❀ 우리말의 「ㄱ」과 영어 「k」의 중간 음에 해당한다. 단어의 첫 음절에서는 「ㄱ」과 「k」의 중간 음이고, 2음절 이하부터는 「k」와 「ㄲ」의 중간 음이 된다.

かばん (가방)

きもの (옷)

くるま (차)

けんとう (어림짐작)

こども (어린이)

さ	し	す	せ	そ
sa	shi (si)	su	se	so

❀ 우리말의 「사 · 시 · 스 · 세 · 소」와 같은 발음이다.

さくら (벚꽃)

しお (소금)

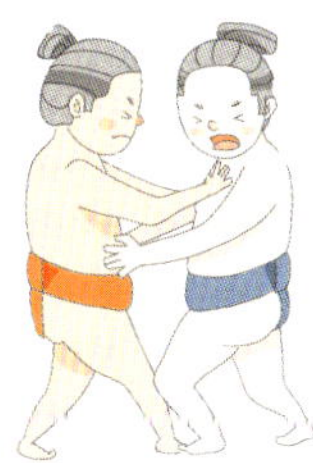

すもう (스모)

せん (1000)

そば (메밀국수)

た ち つ て と

ta　chi (ti)　tsu (tu)　te　to

❀ 「た・て・と」는, 단어의 첫 음절에서는 「ㄷ」과 「t」의 중간 음이고, 2음절 이하부터는 「t」와 「ㄸ」의 중간 음이다. 그리고 「ち」는 「지」보다 강하고, 「つ」는 혀를 잇몸에 붙였다가 떼면서 발음한다.

たこ (문어)

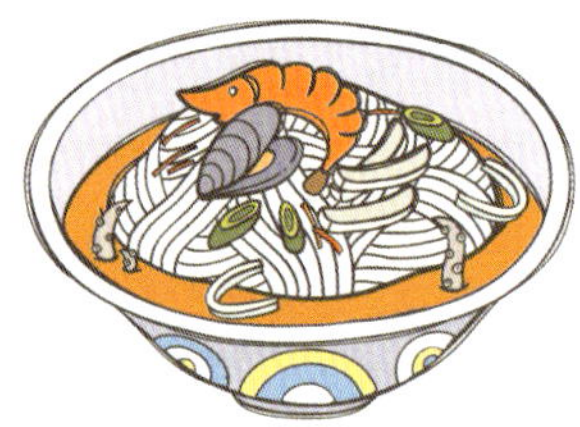

ちゃんぽん (짬뽕)

つき (달)

てんぷら (튀김)

とり (새)

な に ぬ ね の

na ni nu ne no

❀ 우리말의 「나・니・누・네・노」와 같은 발음이다.

ながい (길다)

にほん (일본)

ぬぐ (벗다)

ねこ (고양이)

のる (타다)

はひふへほ

ha　hi　fu(hu)　he　ho

❀ 우리말의 「하・히・후・혜・호」와 같은 발음이다. 그리고 「は」와 「へ」가 조사로 사용될 때, 각각 「와(wa)」와 「에(e)」로 발음된다.

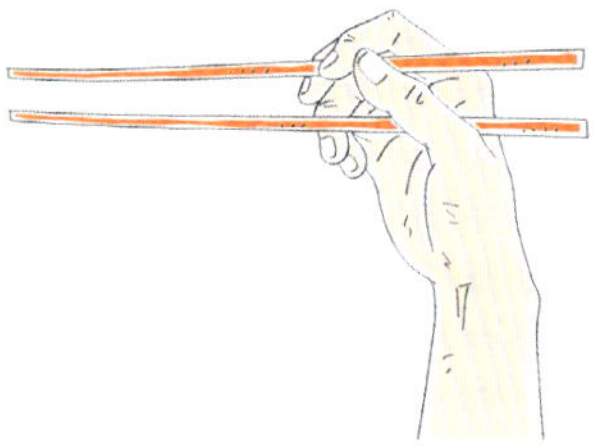

はし (젓가락)

ひとつ (1개)

ふたつ (2개)

へや (방)

ほん (책)

ま　み　む　め　も

ma　mi　mu　me　mo

❀ 우리말의 「마 · 미 · 무 · 메 · 모」와 같은 발음이다.

まぐろ (참치)

みかん (밀감)

むし (벌레)

めがね (안경)

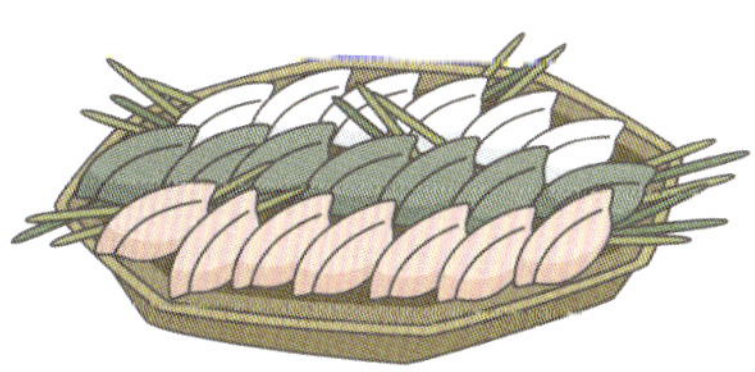

もち (떡)

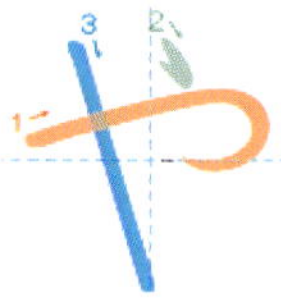

ya

yu

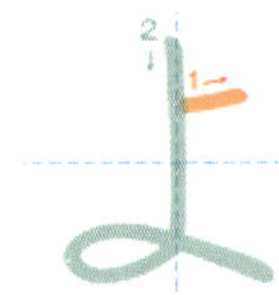

yo

❀ 우리말의 「야 · 유 · 요」와 같은 발음이다.

やま (산)

ゆき (눈)

よる (밤)

ら り る れ ろ

ra ri ru re ro

❀ 우리말의 「라 · 리 · 루 · 레 · 로」와 같은 발음이다.

らくだ (낙타)

りす (다람쥐)

るす (부재중)

れいぞうこ (냉장고)

ろく (육)

わ	を	ん
wa	o	n

❀ 우리말의 「와 · 오」와 같은 발음이다. 따라서 「を」는 「お」와 발음이 같으며 목적격 조사 「~을(~를)」로만 사용한다. 「ん」은 받침으로만 사용된다.

わさび (와사비)

本(ほん)を読(よ)む (책을 읽다)

にんじん (당근)

3 탁음

탁음은 「が・ざ・だ・ば」행(行)의 음절을 말하며, 「か・さ・た・は」행 문자 오른쪽에 탁점(〃)」을 붙여 표기한다.

① 「が(ga)・ぎ(gi)・ぐ(gu)・げ(ge)・ご(go)」는 우리말의 「가・기・구・게・고」와 같은 발음이다.

が　ぎ　ぐ　げ　ご

がくせい
(학생)

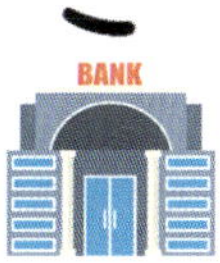

ぎんこう
(은행)

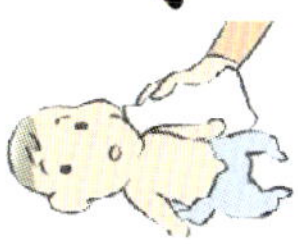

ぐあい
(형편)

げんき
(건강함)

ごはん
(밥)

② 「ざ(za)・じ(zi)・ず(zu)・ぜ(ze)・ぞ(zo)」는 우리말의 「자・지・즈・제・조」와 같은 발음이다.

ざ　じ　ず　ぜ　ぞ

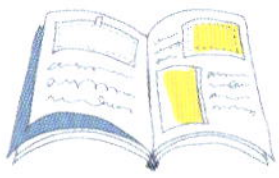
ざっし
(잡지)

じてんしゃ
(자전거)

ずいぶん
(매우)

ぜんこく
(전국)

ぞう
(코끼리)

③ 「だ(da)・ぢ(zi)・づ(zu)・で(de)・ど(do)」는 우리말의 「다・지・즈・데・도」와 같은 발음이다.

だ　ぢ　づ　で　ど

だいがく
(대학)

はなぢ
(코피)

こづつみ
(소포)

でぐち
(출구)

どうぶつ
(동물)

④ 「ば(ba)・び(bi)・ぶ(bu)・べ(be)・ぼ(bo)」는 우리말의 「바・비・부・베・보」와 같은 발음이다.

ば　び　ぶ　べ　ぼ

ばんごう
(번호)

びょうき
(병)

ぶどう
(포도)

べんきょう
(공부)

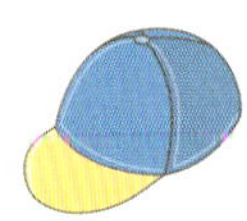
ぼうし
(모자)

4 반탁음

반탁음은 「は・ひ・ふ・へ・ほ」 문자 오른쪽 윗부분에 「반탁음(゜)」을 붙여 표기한다. 첫음절에 위치할 때는 영어 「p」음에 가깝고, 2음절 이하부터는 「ㅃ」에 가까운 발음이라고 할 수 있다. 또한 「반탁음」이 단어의 첫음절에 오는 경우는 대부분 외래어 및 의성어 혹은 의태어이다.

いっぱい (가득, 한 잔)

ぴかぴか (반짝반짝)

てんぷら (튀김)

ぺこぺこ (배가 몹시 고픔)

ちゃんぽん (짬뽕)

たんぽぽ (민들레)

5 요음

「き・し・ち・に・ひ・み・り・ぎ・じ・び・ぴ」에 반모음 「ゃ・ゅ・ょ」를 붙여, 두 글자를 한 음절로 발음하는 경우이다. 이때 작은 글자로 표시하는 「ゃ・ゅ・ょ」는, 한글의 「ㅑ・ㅠ・ㅛ」와 같은 역할을 한다.

1) 청음

きゃ kya	しゃ sha	ちゃ cha	にゃ nya	ひゃ hya	みゃ mya	りゃ rya
きゅ kyu	しゅ shu	ちゅ chu	にゅ nyu	ひゅ hyu	みゅ myu	りゅ ryu
きょ kyo	しょ sho	ちょ cho	にょ nyo	ひょ hyo	みょ myo	りょ ryo

きゃく (손, 손님)

きゅうり (오이)

きょうしつ (교실)

しゃしん (사진)

しゅくだい (숙제)

しょくどう (식당)

ちゃわん (밥그릇)

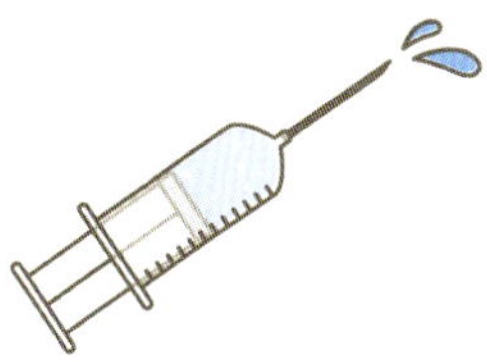

ちゅうしゃ (주사)

ちょう (나비)

こんにゃく (곤약)

にゅうがく (입학)

にょうぼう (마누라, 아내)

ひゃく (100)

ひゅっと (휙)

ひょうめん (표면)

さんみゃく (산맥)

ミュージカル (뮤지컬)

みょうじ (성씨, 성)

りゃくだつ (약탈)

りゅうがく (유학)

りょうり (요리)

2) 탁음 및 반탁음

ぎゃ gya	じゃ zya	ぢゃ zya	びゃ bya	ぴゃ pya
ぎゅ gyu	じゅ zyu	ぢゅ zyu	びゅ byu	ぴゅ pyu
ぎょ gyo	じょ zyo	ぢょ zyo	びょ byo	ぴょ pyo

ぎゃく (반대, 거꾸로)

ぎゅうにく (소고기)

にんぎょう (인형)

じゃま (방해, 장애)

じゅう (십)

じょうず (능숙함)

さんびゃく (삼백)

ごびゅう (오류)

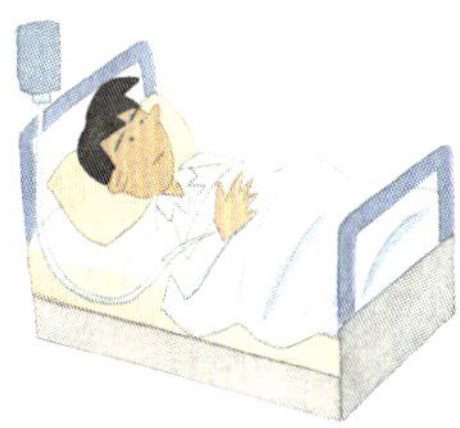

びょうき (병)

ろっぴゃく (육백)

ぴゅうぴゅう (씽씽, 쌩쌩)

ぴょんぴょん (깡충깡충)

※「ぢゃ・ぢゅ・ぢょ」의 경우, 현대일본어에서는 사용하지 않는다.

6 촉음

「촉음(っ)」은 앞글자의 오른쪽 아래 작은 문자로 표기하여 받침으로만 사용되는데, 뒤에 오는 음이 된소리로 나게 하는 기능을 갖는다.

① 「ㄱ = k」 발음인 경우 ➡ っ + か行(か・き・く・け・こ)

こっか (국가)

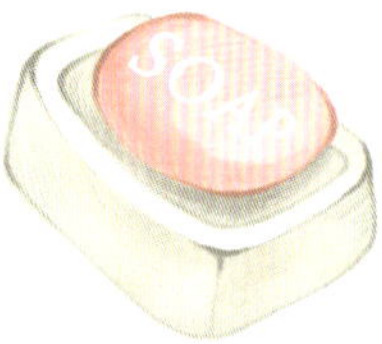

せっけん (비누)

② 「ㅅ = s」 발음인 경우 ➡ っ + さ行(さ・し・す・せ・そ)

ざっし (잡지)

まっすぐ (똑바로)

③「ㄷ = t」 발음인 경우 ➡ っ + た行(た・ち・つ・て・と)

けってん (결정)

きっと (반드시)

④「ㅂ= p」 발음인 경우 ➡ っ + ぱ行(ぱ・ぴ・ぷ・ぺ・ぽ)

らっぱ (나팔)

きっぷ (차표)

7 장음

장음은 모음인 「あ・い・う・え・お」로 표기한다. 또한 가타카나의 장음은 「一」로 표기한다.

① ア단인 「あ・か(が)・さ(ざ)・た(だ)・な・は(ば・ぱ)・ま・や・ら・わ」 다음에 「あ」가 오면 장음이다.

おかあさん (어머니)

おばあさん (할머니)

② イ단인 「い・き(ぎ)・し(じ)・ち(ぢ)・に・ひ(び・ぴ)・み・り」 다음에 「い」가 오면 장음이다.

おにいさん (형/오빠)

おじいさん (할아버지)

③ ウ단인 「う・く(ぐ)・す・つ(づ)・ぬ・ふ(ぶ・ぷ)・む・ゆ・る」 다음에 「う」가 오면 장음이다.

すうじ (숫자)

ゆうき (용기)

④ エ단인 「え・け(げ)・せ(ぜ)・て(で)・ね・へ(べ・ぺ)・め・れ」 다음에 「え」와 「い」가 오면 장음이 된다.

とけい (시계)

おねえさん (누나/언니)

せんせい (선생님)

⑤ オ단인 「お・こ(ご)・そ(ぞ)・と(ど)・の・ほ(ぼ・ぽ)・も・よ・ろ」 뒤에 「お」와 「う」가 오면 장음이 된다.

おとうさん (아버지)

いもうと (여동생)

ぼうし (모자)

8 한자

일본에서는 초등학교에서 996자, 중학교에서 949자를 상용한자로 지정하여 가르치고 있다.

❀ 한국어 한자와 일본어 한자

① 한국에서는 한자의 정자체를 사용하고 있으나, 일본에서는 한자의 약자체를 사용한다.

(학) 學 ↔ 学	(국) 國 ↔ 国	(영) 榮 ↔ 栄	(관) 觀 ↔ 観

② 한국어에서는 한자를 음(音)으로만 읽는 데 반해, 일본어에서는 한자를 음(音)으로도 읽고, 훈(訓)으로도 읽는다.

一	二	三	四	五
음독 : いち	음독 : に	음독 : さん	음독 : よん・し	음독 : ご
훈독 : ひとつ	훈독 : ふたつ	훈독 : みっつ	훈독 : よっつ	훈독: いつつ

9 외래어

일본에서 사용하는 외래어를 살펴보면, 영수증이란 뜻의 「領収書(은행에서만 사용)」 대신 「レシート(receipt)」라는 말을 사용하고, 우유를 「牛乳」 대신 「ミルク(milk)」라 한다. 또한 점심식사도 「昼ご飯」이나 「昼食」보다는 「ランチ(lunch)」라는 말이 더 잘 통한다.

지하철(地下鉄)의 차표는 「切符(新幹線이나 電鉄에서만 사용)」라고 하지만, 극장(映画館), 콘서트(コンサート)와 비행기(飛行機), 야구(野球), 축구(サッカー)경기 등의 표는 「チケット(ticket)」라 한다.

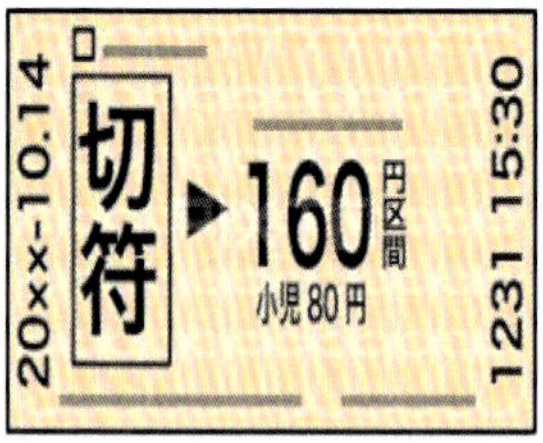

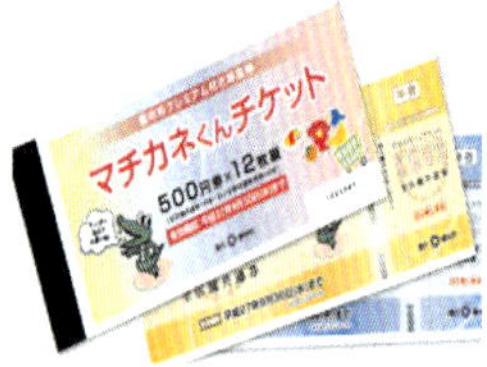

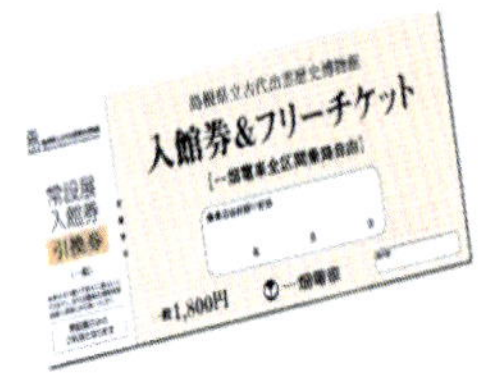

맥주는 「ビール(beer)」로, 자유이용권은 「フリーパス(free pass)」로, 손수건은 「ハンカチ(handkerchief)」라 하고, 화장실(お手洗い)용 휴지를 「トイレットペーパー(toilet paper)」, 일반 휴지는 「ティッシュ(tissue paper)」라 한다.

발음이 긴 외국어는 아예 줄여서 말하기도 한다. 예를 들어 텔레비전(Television)은 「テレビ」, 아침 겸 점심을 「ブランチ」, 빌딩(Building)을 「ビル」, 커넥션(connection)은 「コネ」, 애니메이션(animation)을 「アニメ」, 인플레이션(inflation)을 「インフレ」, 에로틱(erotic)을 「エロ」, 아르바이트(Arbeit)를 「バイト」, 동맹파업이란 뜻의 스트라이크(strike)는 「スト」, 토일렛(toilet)은 「トイレ」로 간단히 줄여 쓴다.

또, 고령자나 장애자용 좌석을 「シルバーシート(silver seat)」, 포르노(ポルノ)의 의미로 「アダルト(adult)」, 야간에 하는 야구경기는 「ナイター(night)」라고 하는 등 외래어를 남용하고 있다.

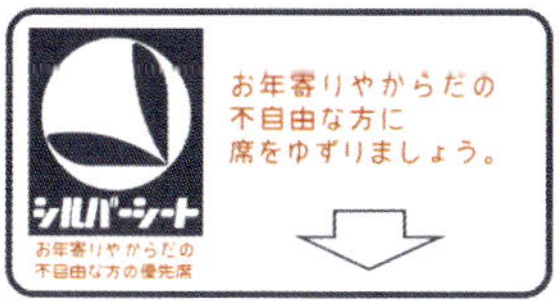

Ⅱ
문장편

1 いくらですか。

얼마입니까?

0 ゼロ れい

1 いち

2 に

3 さん

4 よん し

5 ご

6 ろく

7 なな しち

8 はち

9 きゅう く

10 じゅう

❀ 11에서 100까지 (11から100まで)

11	12	13	14	15
じゅういち	じゅうに	じゅうさん	じゅうよん	じゅうご
16	17	18	19	20
じゅうろく	じゅうなな	じゅうはち	じゅうきゅう	にじゅう

30	40	50	60
さんじゅう	よんじゅう	ごじゅう	ろくじゅう

70	80	90	100
ななじゅう	はちじゅう	きゅうじゅう	ひゃく

❀ 200에서 900까지 (200から900まで)

200	300	400	500
にひゃく	さんびゃく	よんひゃく	ごひゃく
600	**700**	**800**	**900**
ろっぴゃく	ななひゃく	はっぴゃく	きゅうひゃく

❀ 1000에서 10000까지 (1000から10000まで)

1000	2000	3000	4000	5000
せん	にせん	さんぜん	よんせん	ごせん
6000	**7000**	**8000**	**9000**	**10000**
ろくせん	ななせん	はっせん	きゅうせん	いちまん

❀ 그 밖의 숫자(そのほかの数字(すうじ))

1	一(いち)
10	十(じゅう)
100	百(ひゃく)
1000	千(せん)、一千(いっせん)
10000	万(まん)、一万(いちまん)
100000	十万(じゅうまん)
1000000	百万(ひゃくまん)
10000000	千万(せんまん)、一千万(いっせんまん)
100000000	一億(いちおく)
1000000000	十億(じゅうおく)
10000000000	百億(ひゃくおく)
100000000000	千億(せんおく)、一千億(いっせんおく)
1000000000000	一兆(いっちょう)

❀ 돈(お金[かね]) – 동전

1円[えん] (1엔)

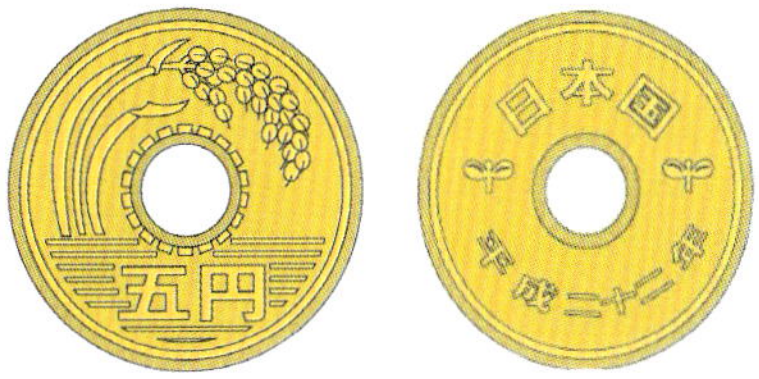

5円[えん] (5엔)

10円[えん] (10엔)

50円[えん] (50엔)

100円[えん] (100엔)

500円[えん] (500엔)

❀ 돈(お金(かね)) – 지폐

千円(せんえん) (천 엔)

二千円(にせんえん) (이천 엔)

五千円(ごせんえん) (오천 엔)

一万円(いちまんえん) (만 엔)

❀ いくらですか。(얼마입니까?)

お茶(차)

¥90

りんご(사과)

¥158

バナナ(바나나)

¥210

米(쌀)

¥2,980

ミルク(우유)

¥228

シャンプー(샴푸)

¥179

油(기름)

¥270

たまご(달걀)

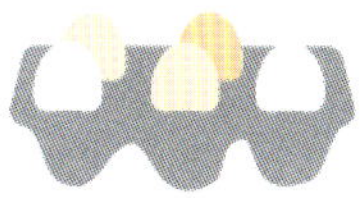

¥398

ビール(맥주)

¥582

ハンバーガー(햄버거)

¥285

アイスクリーム(아이스크림)

¥127

コーヒー(커피)

¥379

❀ 가게(お店(みせ))

何(なに)を買(か)うことができますか。 무엇을 살 수 있습니까?

スーパー

(슈퍼)

コンビニ

(편의점)

デパート

(백화점)

ドラッグストア

(드러그스토어)

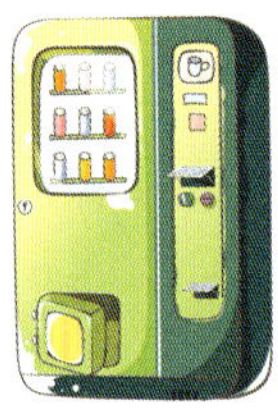

自動販売機(じどうはんばいき)

(자동판매기)

百円(ひゃくえん)ショップ

(100엔 숍)

電気屋(でんきや)

(전자상가)

八百屋(やおや)

(채소가게)

アウトレットストア

(아웃렛)

❀ 선술집(居酒屋)

さけはいくらですか。	술은 얼마입니까?
600円です。	600엔입니다.
さしみも600円ですか。	생선회도 600엔입니까?
いいえ、600円じゃありません。	아니오, 600엔이 아닙니다.
800円です。	800엔입니다.
やきとりはいくらですか。	꼬치구이는 얼마입니까?
300円です。	300엔입니다.

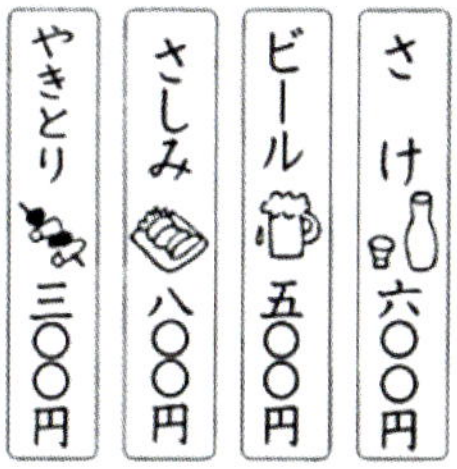

❀ お金がいくらあるのか数字で答えましょう。

돈이 얼마 있는지 숫자로 답하세요.

こたえ：＿＿＿＿＿＿ えん

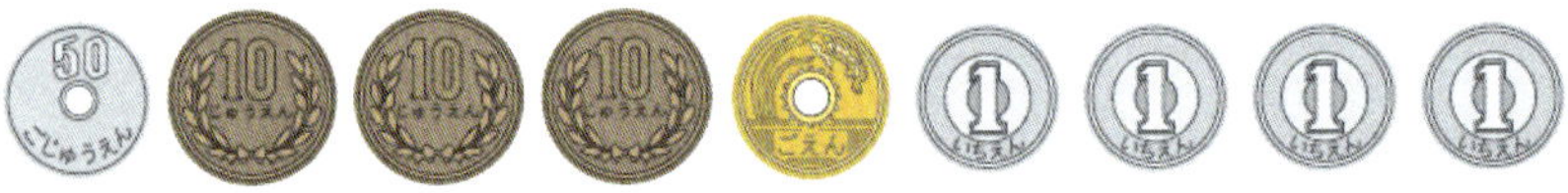

こたえ：＿＿＿＿＿＿ えん

こたえ：＿＿＿＿＿＿ えん

こたえ：＿＿＿＿＿＿ えん

2 はじめまして。

처음 뵙겠습니다.

はじめまして。

私(わたし)は洪吉童(ホンキルトン)です。

どうぞ、よろしくお願(ねが)いします。

はじめまして。

田中(たなか)です。

こちらこそ、よろしくお願(ねが)いします。

お国(くに)はどちらですか。

韓国(かんこく)です。

洪(ホン)さんは大学生(だいがくせい)ですか。

はい、そうです。田中(たなか)さんも大学生(だいがくせい)ですか。

いいえ、大学生(だいがくせい)ではありません。

私(わたし)は会社員(かいしゃいん)です。

단어 ♥ 単語

はじめまして
(처음 뵙겠습니다.)

私(わたし)
(나 / 저)

~は (~은 / ~는)

~です (입니다.)

どうぞ (부디)

よろしくお願(ねが)いします
(잘 부탁합니다.)

こちらこそ
(저야말로)

お国(くに)
(국가 / 나라)

どちら
(어느 쪽)

韓国(かんこく)
(한국)

~さん
(~씨 / ~님)

大学生(だいがくせい)
(대학생)

はい
(예)

そうです
(그렇습니다.)

~も
(~도)

~ですか
(~입니까?)

いいえ
(아니오)

会社員(かいしゃいん) (회사원)

~ではありません
(~이 아닙니다.)

해설 ♥ 解説

❀ 인칭대명사(人稱代名詞)

1인칭	2인칭	3인칭			부정칭
		근칭	중칭	원칭	
わたくし 私 (저)	あなた (당신)	かた この方 (이분)	かた その方 (그분)	かた あの方 (저분)	かた どの方 (어느 분)
わたし 私 (나, 저)	あんた (당신)	ひと この人 (이 사람)	ひと その人 (그 사람)	ひと あの人 (저 사람)	どなた (어느 분)
ぼく 僕 (나)	きみ 君 (너)				ひと どの人 (어느 사람)
おれ わし (나)	まえ お前 (너)				だれ 誰 (누구)

1인칭	말하는 사람
2인칭	듣는 사람
3인칭	그 외의 사람
부정칭	분명하지 않은 사람

❀ ~は

우리말의 「~은(는)」에 해당된다. 그리고 「は」가 이처럼 조사로 사용될 때에는 발음이 「わ(wa)」가 된다.

これは本(ほん)です。

이것은 책입니다.

私(わたし)は韓国人(かんこくじん)です。

나는 한국인입니다.

❀ ~です

「だ(~이다)」의 경어로 우리말의 「~입니다」에 해당된다.

これは犬(いぬ)だ。　　이것은 개이다.

これは犬(いぬ)です。　　이것은 개입니다.

❀ ~さん

우리말의 「~씨, ~님」에 해당된다. 주로 성이나 이름 뒤에 붙어 경의(敬意)나 친근감을 나타낸다. 또한 「さま」는 「さん」보다 경의의 정도가 높고, 「~ちゃん」은 애칭이다.

野村(のむら)さん (노무라 씨)	李さん (이○○ 씨)
神(かみ)さま (하느님)	お客(きゃく)さま (손님)
おかあちゃん (엄마)	ぼっちゃん (도련님)

❀ ～か

문장의 맨 끝에 붙어 의문을 나타낸다. 의문부호 「?」는 붙이지 않고, 종지부호 「。」를 붙이는 것이 일반적이다. 회화체에서 「～か」를 생략하는 경우도 있다.

① これは何(なん)ですか。　이것은 무엇입니까?

いす (의자)

ねこ (고양이)

つくえ (책상)

② それはさしみですか。　그것은 생선회입니까?

③ いつご出発(しゅっぱつ)ですか。　언제 출발합니까?

④ トイレはどこですか。　화장실은 어디입니까?

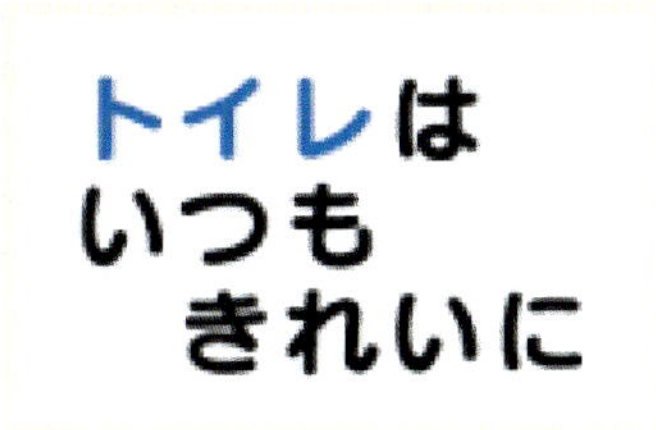

❀ ~ではありません

「~です」의 부정형으로 「~이(~가) 아닙니다.」의 뜻이다. 회화체에서는 「~じゃありません」으로 줄여서 사용하기도 한다.

本(ほん)です。	책입니다.
本(ほん)ではありません。	책이 아닙니다.
本(ほん)じゃありません。	책이 아닙니다.

猫(ねこ)です。	고양이입니다.
猫(ねこ)ではありません。	고양이가 아닙니다.
猫(ねこ)じゃありません。	고양이가 아닙니다.

❀ 나라 이름

私(わたし)の国(くに)は ＿＿＿＿＿＿です。　저의 나라는 ＿＿＿＿＿입니다.

韓国人(かんこくじん)ですか。　한국인입니까?

はい、そうです。　예, 그렇습니다.

いいえ、韓国人(かんこくじん)じゃありません。　아니요, 한국인이 아닙니다.

韓国(かんこく) (한국)

日本(にほん) (일본)

アメリカ (미국)

中国(ちゅうごく) (중국)

イギリス (영국)

ドイツ (독일)

❀ 가족(家族(かぞく))

私(わたし)の家族(かぞく)は ______ です。　저의 가족은 ________입니다.

ご家族(かぞく)は何人(なんにん)ですか。　가족은 몇 명입니까?

家族(かぞく)は 4 人(にん)です。　가족은 4명입니다.

ご主人(しゅじん)とお子(こ)さんですか。　부군과 자제분들입니까?

はい、主人(しゅじん)と子(こ)どもが二人(ふたり)です。　예, 남편과 아이가 둘 있습니다.

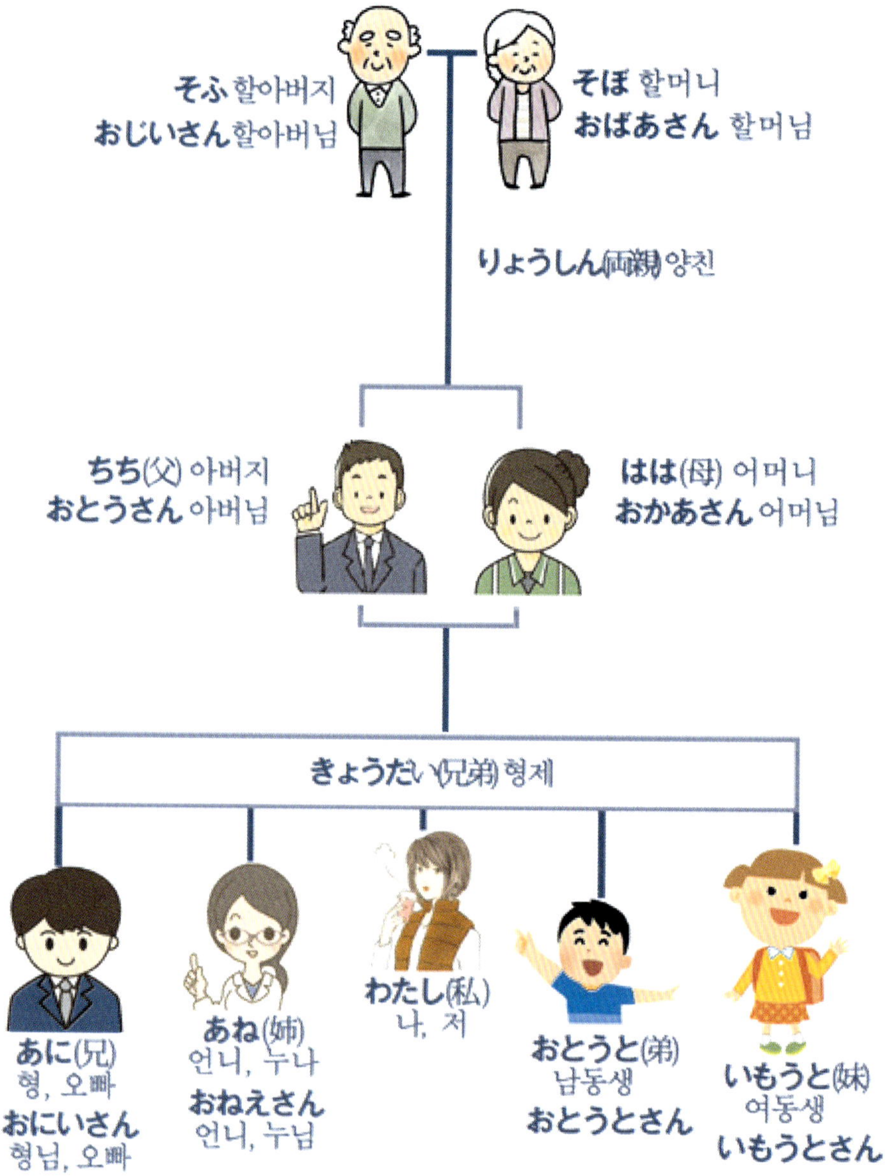
そふ 할아버지
おじいさん 할아버님
そぼ 할머니
おばあさん 할머님
りょうしん(両親) 양친
ちち(父) 아버지
おとうさん 아버님
はは(母) 어머니
おかあさん 어머님
きょうだい(兄弟) 형제
あに(兄)
형, 오빠
おにいさん
형님, 오빠
あね(姉)
언니, 누나
おねえさん
언니, 누님
わたし(私)
나, 저
おとうと(弟)
남동생
おとうとさん
いもうと(妹)
여동생
いもうとさん

회화 ♥ 会話

❀ 직업(職業(しょくぎょう))

ご職業(しょくぎょう)は何(なん)ですか。	직업은 무엇입니까?
田中(たなか)さんは学生(がくせい)ですか。	다나카 씨는 학생입니까?
はい、私(わたし)は学生(がくせい)です。	예, 저는 학생입니다.
いいえ、学生(がくせい)じゃありません。	아니요, 학생이 아닙니다.

❀ 가족(家族(かぞく))

ご家族(かぞく)は何人(なんにん)ですか。	가족은 몇 명입니까?
家族(かぞく)は4人(にん)です。	가족은 4명입니다.
私(わたし)と主人(しゅじん)と子(こ)どもが二人(ふたり)です。	저와 남편과 아이가 둘입니다.
よろしくお願(ねが)いします。	잘 부탁드립니다.

かいしゃいん
会社員 (회사원)

きょうじゅ
教授 (교수)

いしゃ
医者 (의사)

かんごし
看護師 (간호사)

りょうりし
料理師 (요리사)

こうむいん
公務員 (공무원)

しゅふ
主婦 (주부)

じえいぎょう
自営業 (자영업)

けいさつかん
警察官
(경찰관)

しょうぼうかん
消防官
(소방관)

ぐんじん
軍人
(군인)

プログラマ
(프로그래머)

むしょく
無職
(무직)

プータロー
(백수)

フリーター
(프리터 족)

ニート
(니트 족)

3 これは本です。

이것은 책입니다.

これは本(ほん)ですか。

はい、それは本(ほん)です。

それは時計(とけい)ですか。

はい、これは時計(とけい)です。

あれは机(つくえ)ですか。

はい、そうです。

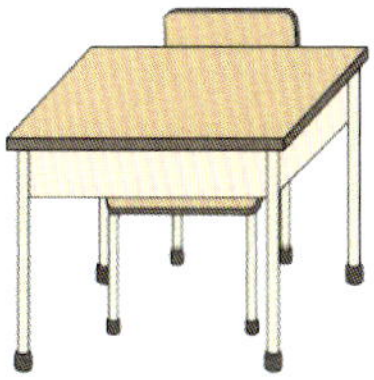

これはノートですか。

いいえ、ノートではありません。

雑誌(ざっし)です。

단어 ♥ 単語

これ (이것)

それ (그것)

あれ (저것)

本(ほん) (책)

時計(とけい) (시계)

机(つくえ) (책상)

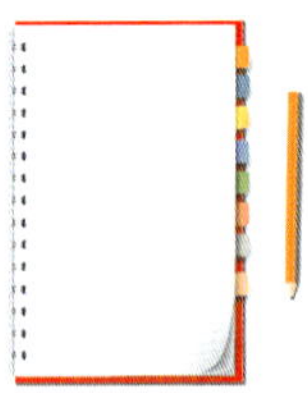

ノート
(노트)

雑誌(ざっし) (잡지)

~ではありません
(~이(가) 아닙니다.)

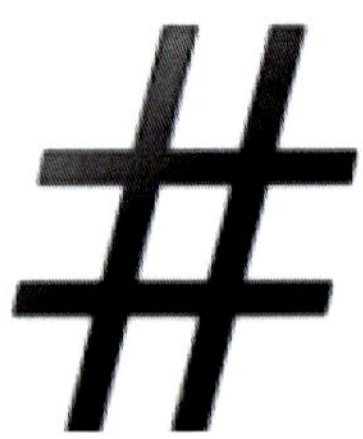

「シャープ」
ではありません

해설 ♥ 解説

❀ こそあど 용법

사 물	これ (이것) この (이)	それ (그것) その (그)	あれ (저것) あの (저)	どれ (어느 것) どの (어느)
장 소	ここ (여기)	そこ (거기)	あそこ (저기)	どこ (어디)
방 향	こちら こっち (이쪽)	そちら そっち (그쪽)	あちら あっち (저쪽)	どちら どっち (어느 쪽)
모 양	こんな (이런) こう (이렇게)	そんな (그런) そう (그렇게)	あんな (저런) ああ (저렇게)	どんな (어떤) どう (어떻게)

これ (이것)
この本(ほん) (이 책)

これ (이것)
この本(ほん) (이 책)

これ (이것)
この本(ほん) (이 책)

それ (그것)
その本(ほん) (그 책)

それ (그것)
その本(ほん) (그 책)

これ (이것)
この本(ほん) (이 책)

あれ (저것)
あの本(ほん) (저 책)

あれ (저것)
あの本(ほん) (저 책)

❀ そうです

「그렇습니다.」의 뜻으로 부사 「そう(그러)」에 「です」가 연결된 형태이다. 이외에도 「こう(이러)」·「ああ(저러)」·「どう(어떠)」 등이 있다.

はい、そうです。 예, 그렇습니다.

どうですか。 어떻습니까?

❀ 何(なに/なん)

한국어의 「무엇」이란 뜻으로, 조사 「を・も・が」 앞에서는 「なに」이고, 「だ・で・と・の」 앞에서는 「なん」이다.

何(なん)ですか。 (무엇입니까?)

何(なん)の(무슨), 何(なん)だか(뭔가), 何(なん)だって(어째서)

何(なん)と(무엇이라고), 何階(なんがい)(몇 층), 何人(なんにん)(몇 사람)

何個(なんこ)(몇 개), 何曜日(なんようび)(무슨 요일), 何年(なんねん)(몇 년)

何

何(なに)がありますか。 (무엇이 있습니까?)

何(なに)をしますか。 (무엇을 합니까?)

❀ 조사 「の」

조사 「の」는 한국어 「의」와 같은 뜻인데, 한국어에서는 경우에 따라 「의」를 생략할 수 있지만 일본어에서는 「の」를 생략할 수 없다.

① 명사와 명사 사이에서는 반드시 「の」를 사용하지만, 해석은 「~의」로 해석할 수도 있고, 상황에 따라 해석이 필요 없는 경우도 있다.

これは私の時計(とけい)です。

이것은 내 시계입니다.

机(つくえ)の上(うえ)に英語(えいご)の本(ほん)があります。

책상 위에 영어 책이 있습니다.

② 체언의 자격으로 사용된 것(~것, ~의 것)

これはあなたのですか。 이것은 당신 것입니까?

はい、それは私のです。 예, 그것은 내 것입니다.

1. ここは　韓国(かんこく)　です。
　　　　　大学(だいがく)　です。
　　　　　教室(きょうしつ)　です。

2. 受付(うけつけ)は　ここ　です。
　　　　　そこ　です。
　　　　　あそこ　です。
　　　　　どこ　ですか。

3. エレベーターは　こちら　です。
　　　　　そちら　です。
　　　　　あちら　です。
　　　　　どちら　ですか。

4. これは　韓国(かんこく)の 自動車(じどうしゃ)　です。
　　　　　日本(にほん)の 自動車(じどうしゃ)　です。
　　　　　アメリカの 自動車(じどうしゃ)　です。
　　　　　ドイツの 自動車(じどうしゃ)　です。
　　　　　どこの 自動車(じどうしゃ)　ですか。

회화 ♥ 会話

❀ すみませんが、これは何(なん)ですか。 미안합니다만, 이것은 무엇입니까?

いちごです。

りんご (사과)

ぶどう (포도)

もも (복숭아)

なし (배)

すいか (수박)

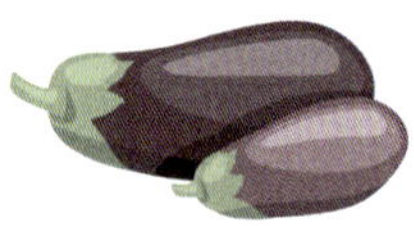

なす (가지)

じゃがいも (감자)

きゅうり (오이)

ほうれんそう
(시금치)

かさ
(우산)

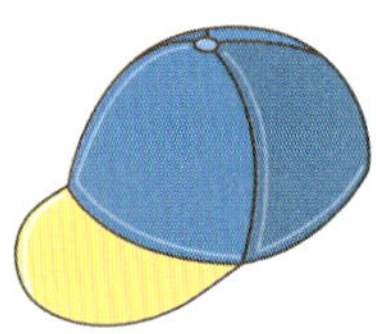

ぼうし
(모자)

めがね
(안경)

❀ ここはどこですか。　여기는 어디입니까?

そこは玄関(げんかん)です。　그곳은 현관입니다.

ふろば (욕실)

だいどころ (부엌)

部屋(へや) (방)

居間(いま) (거실)

トイレ (화장실)

公園(こうえん) (공원)

学校(がっこう) (학교)

病院(びょういん) (병원)

銀行(ぎんこう) (은행)

花屋(はなや) (꽃집)

八百屋(やおや) (채소가게)

コソビニ (편의점)

❀ ~は どこの ~ですか。 ~은 어디의 ~입니까?

1. これは どこの 時計(とけい) ですか。

日本(にほん)のです。

いくらですか。

33,800円(えん)です。

2. それは どこの スマートホン ですか。

韓国(かんこく)のです。

いくらですか。

56,500円(えん)です。

3. あれは どこの コンピューター ですか。

アメリカのです。

いくらですか。

178,300円(えん)です。

4 今、何時ですか。

지금 몇 시입니까?

もしもし。

はい、中央図書館(ちゅうおうとしょかん)です。

すみません。そちらは何時(なんじ)から何時(なんじ)までですか。

午前(ごぜん)9時(じ)から午後(ごご)10時(じ)までです。

土曜日(どようび)と日曜日(にちようび)は休(やす)みですか。

いいえ、休(やす)みじゃありません。

土曜日(どようび)は、9時(じ)から午後(ごご)4時(じ)までです。

日曜日(にちようび)は、9時(じ)から午後(ごご)2時(じ)までです。

どうもありがとうございました。

いいえ、どういたしまして。

단어 ♥ 単語

もしもし
(여보세요.)

中央【ちゅうおう】
(중앙)

図書館【としょかん】 (도서관)

すみません
(미안합니다.)

そちら
(그쪽)

~から
(~부터)

何時【なんじ】
(몇 시)

~まで
(~까지)

午前【ごぜん】
(오전)

午後【ごご】
(오후)

土曜日【どようび】
(토요일)

日曜日【にちようび】
(일요일)

休み【やすみ】
(휴일)

どうも
(매우, 대단히)

ありがとうございました
(감사합니다.)

どういたしまして
(천만에요.)

해설 ♥ 解説

❀ ~시(~時(じ))

1	いちじ
2	にじ
3	さんじ
4	よじ
5	ごじ
6	ろくじ
7	しちじ
8	はちじ
9	くじ
10	じゅうじ
11	じゅういちじ
12	じゅうにじ

❀ ~분(~分(ふん)・~分(ぷん))

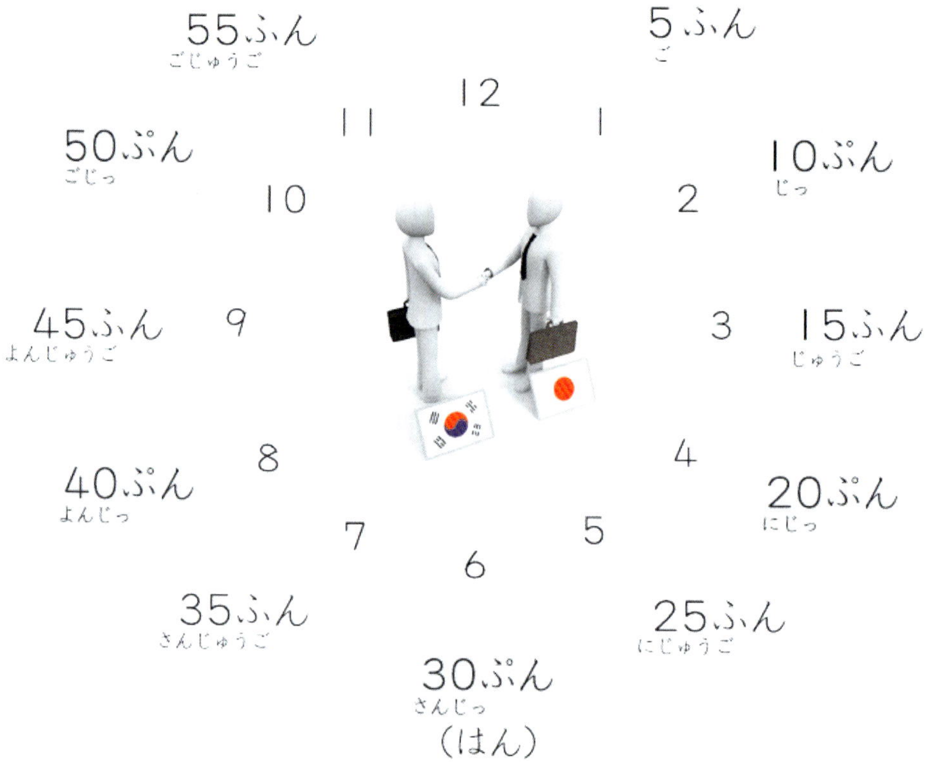

1分 いっぷん	2分 にふん	3分 さんぷん	4分 よんぷん	5分 ごふん
6分 ろっぷん	7分 ななふん しちふん	8分 はっぷん	9分 きゅうふん	10分 じゅっぷん じっぷん

❀ 나의 하루(私(わたし)の一日(いちにち))

朝(あさ)ご飯(はん)は七時(しちじ)です。아침식사는 7시입니다.

朝(あさ)ご飯(はん)
아침식사

↓

登校(とうこう)
등교

↓

朝(あさ)の会(かい)
조례

↓

授業(じゅぎょう)の始(はじ)まり
수업시작

給食(きゅうしょく) 급식

↓

掃除(そうじ) 청소

↓

下校(げこう) 하교

↓

夕(ゆう)ご飯(はん)
저녁식사

❀ 요일(曜日(ようび))

にちようび **日曜日** 일요일	今日(きょう)は何曜日(なんようび)ですか。 오늘은 무슨 요일입니까? はい、今日(きょう)は月曜日(げつようび)です。 예, 오늘은 월요일입니다.
げつようび **月曜日** 월요일	
かようび **火曜日** 화요일	休(やす)みはいつですか。 휴일은 언제입니까?
すいようび **水曜日** 수요일	土曜日(どようび)と日曜日(にちようび)です。 토요일과 일요일입니다. 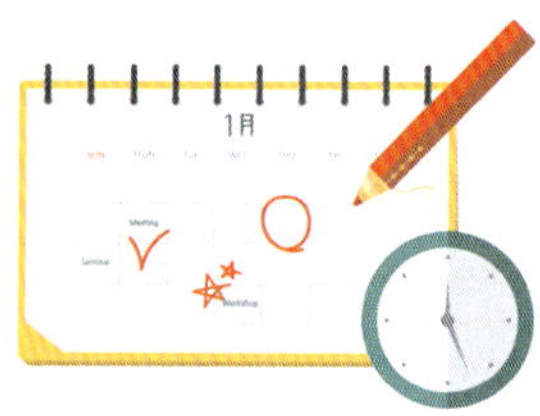
もくようび **木曜日** 목요일	
きんようび **金曜日** 금요일	
どようび **土曜日** 토요일	

회화 ♥ 会話

❀ ~は何時からですか。 ~는 몇 시부터입니까?

예 会社は何時からですか。

午前8時からです。

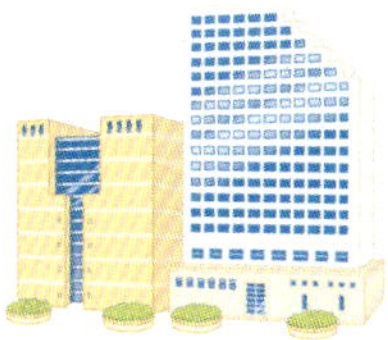

1. 朝ご飯は何時からですか。

(午前 7:30)

2. 昼ご飯は何時からですか。

(12:30)

3. 夕ご飯は何時からですか。

(午後 6:10)

4. 日本語の授業は何時からですか。

(午後 1:00)

5. チェックインは何時からですか。

(午後 2:30)

❀ ~は何時から何時までですか。 ~는 몇 시부터 몇 시까지입니까?

예 銀行は何時から何時までですか。

午前9時から午後 4 時までです。

1. デパートは何時から何時までですか。

(午前 10:00 ~ 午後 7:30)

2. 病院は何時から何時までですか。

(午前 9:30 ~ 午後 5:00)

3. 郵便局は何時から何時までですか。

(午前 9:00 ~ 午後 4:30)

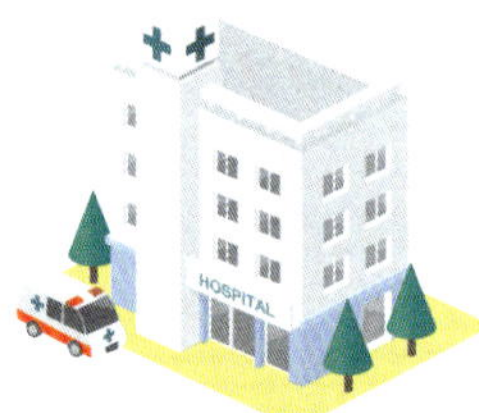

4. レストランは何時から何時までですか。

(午前 11:00 ~ 午後 8:20)

❀ 보고 싶은 프로그램(見(み)たい番組(ばんぐみ))

10	アニメ (10:15~10:25)	
11	ドラマ (11:05~11:55)	
12	ハングル講座(こうざ) (12:10~12:30)	
1	ニュース (1:00~1:15)	
2	映画(えいが) (2:06~3.45)	
3	クイズ番組(ばんぐみ) (3:20~4:00)	
4	すもう (4:02~5:59)	

5 Jリーグ
(5:03~6:52)

6 野球(やきゅう)
(6:04~8:58)

アニメは ______から ______までですか。

① ドラマ　② ハングル講座　③ ニュース
④ クイズ番組　⑤ 映画　⑥ すもう
⑦ Jリーグ　⑧ 野球

5 お誕生日はいつですか。

생신은 언제입니까?

田中(たなか)さん、お誕生日(たんじょうび)はいつですか。

4月(がつ)14日(か)です。

え、今日(きょう)ですか。

お誕生日(たんじょうび)、おめでとうございます。

ありがとうございます。

金(キム)さんのお誕生日(たんじょうび)はいつですか。

私(わたし)の誕生日(たんじょうび)は5月(がつ)5日(か)です。

子供(こども)の日(ひ)です。

日本(にほん)も韓国(かんこく)も祝日(しゅくじつ)です。

そうですか、いいですね。

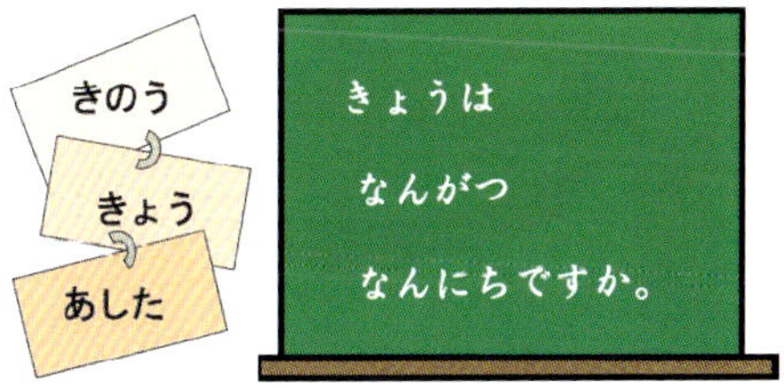

단어 ♥ 単語

誕生日(たんじょうび)
(생일)

いつ
(언제)

今日(きょう)
(오늘)

おめでとうございます
(축하합니다.)

ありがとう
ございます
(감사합니다.)

子供(こども)
(어린이)

子供の日(こどものひ)
(어린이날)

日本(にほん)
(일본)

韓国(かんこく)
(한국)

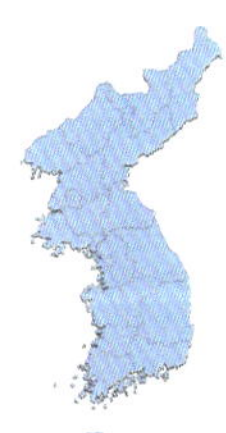

~も
(~도 ~이나)

そうですか
(그렇습니까?)

いいですね
(좋겠군요.)

해설 ♥ 解説

❀ 何月(なんがつ)ですか。 몇 월입니까?

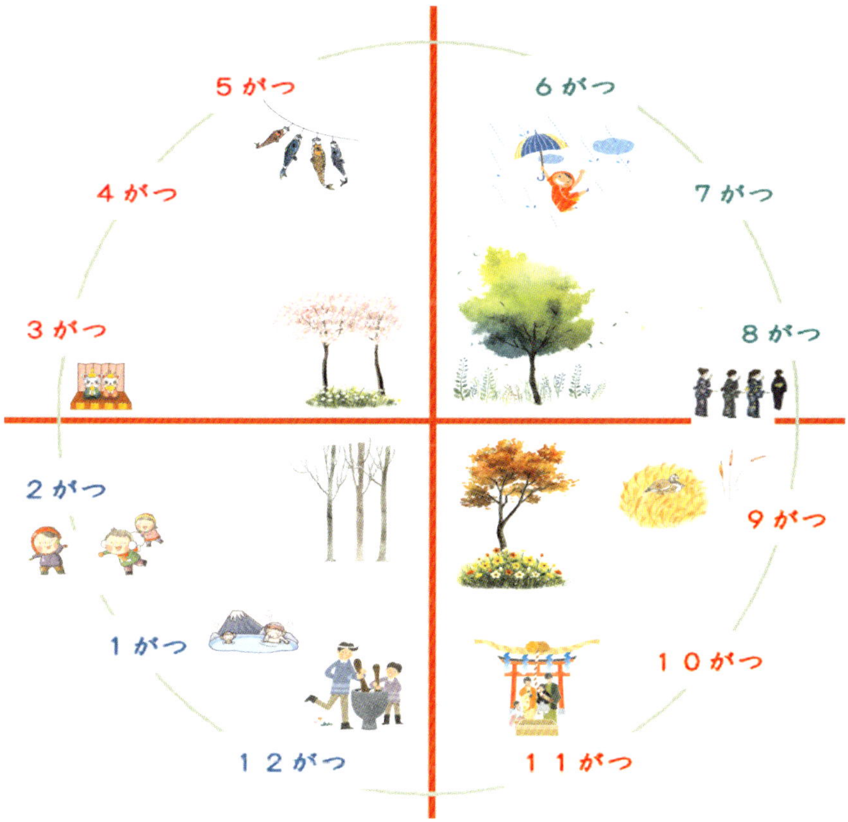

いちがつ 一月 (1월)	にがつ 二月 (2월)	さんがつ 三月 (3월)
しがつ 四月 (4월)	ごがつ 五月 (5월)	ろくがつ 六月 (6월)
しちがつ 七月 (7월)	はちがつ 八月 (8월)	くがつ 九月 (9월)
じゅうがつ 十月 (10월)	じゅういちがつ 十一月 (11월)	じゅうにがつ 十二月 (12월)

❀ 何日(なんにち)ですか。 며칠입니까?

1日 ついたち	9日 ここのか	17日 じゅうしちにち	25日 にじゅうごにち
2日 ふつか	10日 とおか	18日 じゅうはちにち	26日 にじゅうろくにち
3日 みっか	11日 じゅういちにち	19日 じゅうくにち	27日 にじゅうしちにち
4日 よっか	12日 じゅうににち	20日 はつか	28日 にじゅうはちにち
5日 いつか	13日 じゅうさんにち	21日 にじゅういちにち	29日 にじゅうくにち
6日 むいか	14日 じゅうよっか	22日 にじゅうににち	30日 さんじゅうにち
7日 なのか	15日 じゅうごにち	23日 にじゅうさんにち	31日 さんじゅういちにち
8日 ようか	16日 じゅうろくにち	24日 にじゅうよっか	

❀ 一日(いちにち)(하루)

朝(あさ) (아침)　　昼(ひる) (낮)　　夕方(ゆうがた) (저녁)　　夜(よる) (밤)

❀ 日(ひ)(날)

おととい	きのう	きょう	あした	あさって	まいにち
(一昨日)	(昨日)	(今日)	あす	(明後日)	(毎日)
그저께	어제	오늘	(明日)	모레	매일
			내일		

❀ 週(しゅう)(주)

せんしゅう (先週) 지난주	こんしゅう (今週) 이번 주	らいしゅう (来週) 다음 주	まいしゅう (毎週) 매주

❀ 月(つき)(달)

せんげつ (先月) 지난달	こんげつ (今月) 이번 달	らいげつ (来月) 다음 달	まいげつ まいつき (毎月) 매달

❀ 年(とし)(해)

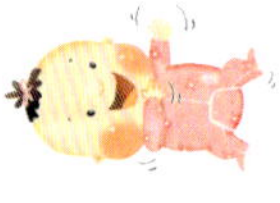				
おととし (一昨年) 재작년	きょねん (去年) さくねん (昨年) 작년	ことし (今年) 금년	らいねん (来年) 내년	まいねん まいとし (毎年) 매년

❀ 일본의 공휴일과 풍습

<table>
<tr><th>月(つき) (월)</th><th>祝日(しゅくじつ) (공휴일)</th><th>風習(ふうしゅう) (풍습)</th></tr>
<tr><td rowspan="2">1월</td><td>1일 元日(がんじつ) (설날)
</td><td>1일 初(はつ)もうで (첫 참배)
</td></tr>
<tr><td>두 번째 월요일
成人(せいじん)の日(ひ) (성인의 날)

</td><td>7일 七草粥(ななくさがゆ) (일곱 가지 푸성귀 죽)
</td></tr>
<tr><td>2월</td><td>11일 建国記念日(けんこくきねんび) (건국기념일)
</td><td>3일 ~ 4일경 節分(せつぶん) (입춘 전날 밤)

14일
バレンタイデー (발렌타인 데이)

</td></tr>
</table>

3월

3일 ひな祭(まつ)り (히나마쓰리)

21일경 春分(しゅんぶん)の日(ひ) (춘분)

14일 ホワイトデー (화이트 데이)

卒業式(そつぎょうしき) (졸업식)

4월

入学式(にゅうがくしき)・入社式(にゅうしゃしき) (입학식・입사식)

29일 昭和(しょうわ)の日(ひ) (쇼와의 날)

花見(はなみ) (꽃구경)

5월

3일 憲法記念日(けんぽうきねんび) (헌법기념일)

4일 みどりの日(ひ) (녹색의 날)

5일 こどもの日(ひ) (어린이날)

ゴールデンウィーク (골든 위크)

두 번째 일요일

母(はは)の日(ひ) (어머니 날)

6월

※ てるてるぼうず
(照る照る坊主)
비가 그치기를 기원하여 추녀 끝에 매달아 두는 종이로 만든 인형

衣替(ころもが)え (옷을 갈아입음)

세 번째 일요일

父(ちち)の日(ひ) (아버지의 날)

梅雨(つゆ) (장마)

7월

7일 七夕(たなばた) (칠석)

세 번째 월요일

海(うみ)の日(ひ) (바다의 날)

夏休(なつやす)み (여름방학)

暑中見舞(しょちゅうみま)い (복중 문안인사)

夏祭(なつまつ)り (여름 축제)

8월

11일 山(やま)の日(ひ) (산의 날)

13일~16일 お盆(ぼん) (오봉・백중맞이)

9월

세 번째 월요일

敬老(けいろう)の日(ひ) (경로의 날)

23일경 秋分(しゅうぶん)の日(ひ) (추분)

15일경 お月見(つきみ) (달구경)

10월

두 번째 월요일

体育(たいいく)の日(ひ) (체육의 날)

衣替(ころもが)え (옷을 갈아입음)

運動会(うんどうかい) (운동회)

11월

3일 文化(ぶんか)の日(ひ) (문화의 날)

秋祭(あきまつ)り (가을 축제)

23일
勤労感謝(きんろうかんしゃ)の日(ひ) (근로감사의 날)

七五三(しちごさん) (시치고산)

12월

23일 天皇誕生日(てんのうたんじょうび) (천황 생일)

25일 クリスマス (크리스마스)

大掃除(おおそうじ) (대청소)

31일 大(おお)みそか (섣달 그믐날)

회화 ♥ 会話

今年(ことし)は何年(なんねん)ですか。금년은 몇 년입니까?

➡ 2020年(ねん)です。2020년입니다.

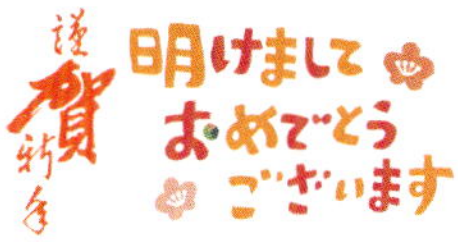

今日(きょう)は何月何日(なんがつなんにち)ですか。오늘은 몇 월 며칠입니까?

➡ 8月(がつ)24日(か)です。8월 24일입니다.

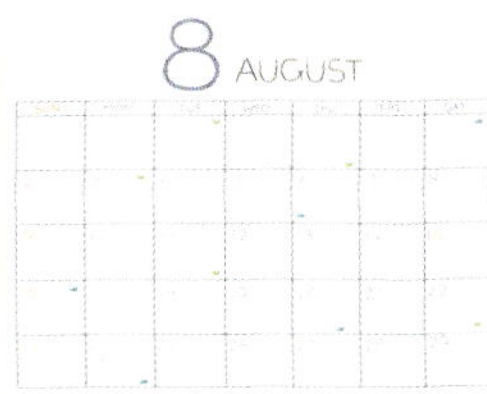

夏休(なつやす)みはいつからですか。여름방학은 언제부터입니까?

➡ 6月15日(ろくがつじゅうごにち)からです。6월 15일부터입니다.

休(やす)みはいつですか。휴일은 언제입니까?

➡ 土曜日(どようび)と日曜日(にちようび)です。토요일과 일요일입니다.

❀ なにどし(무슨 띠)?

失礼(しつれい)ですが、何年(なんねん)生(う)まれですか。

1998年(ねん)生(う)まれです。

鼠年(ねずみどし) (쥐띠)

牛年(うしどし) (소띠)

虎年(とらどし) (범띠)

兎年(うさぎどし) (토끼띠)

龍年(たつどし) (용띠)

蛇年(へびどし) (뱀띠)

馬年(うまどし) (말띠)

羊年(ひつじどし) (양띠)

猿年(さるどし) (원숭이띠)

鶏年(とりどし) (닭띠)

犬年(いぬどし) (개띠)

猪年(いのししどし) (돼지띠)

6 あの車は高いですか。

저 차는 비쌉니까?

あの黒(くろ)い車(くるま)は高(たか)いですか。

はい、高いです。

あの赤(あか)い車も高いですか。

いいえ、そんなに高くはありません。

すみません。ボールペンをください。

はい、何本(なんぼん)ですか。

黒(くろ)いのと青(あお)いのを二本(にほん)ずつください。

いくらですか。

全部(ぜんぶ)で1200円(えん)です。

단어 ♥ 単語

黒(くろ)い
(검다)

車(くるま)
(차)

高(たか)い
(비싸다, 높다)

赤(あか)い
(빨갛다)

そんなに
(그렇게)

~くはありません
(~지는 않습니다.)

すみません
(미안합니다.)

ボールペン
(볼펜)

ください
(주세요.)

何本(なんぼん)
(몇 자루)

青(あお)い
(파랗다)

~の
(~의 것)

~ずつ
(~씩)

全部(ぜんぶ) (전부)

해설 ♥ 解説

❀ 기본 형용사

大(おお)きい (크다)

小(ちい)さい (작다)

長(なが)い (길다)

短(みじか)い (짧다)

高(たか)い (높다)

低(ひく)い (낮다)

重(おも)い (무겁다)

軽(かる)い (가볍다)

暑(あつ)い (덥다)

寒(さむ)い (춥다)

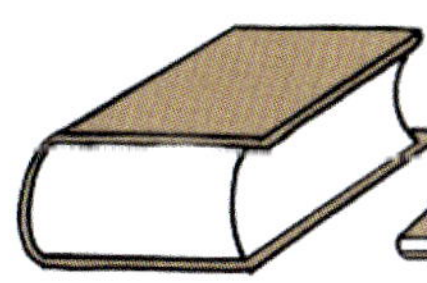

厚(あつ)い (두껍다)

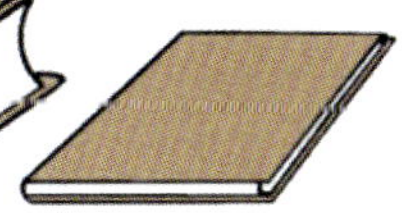

薄(うす)い (얇다)

太(ふと)い (굵다)

細(ほそ)い (가늘다)

多(おお)い (많다)

少(すく)ない (적다)

近(ちか)い (가깝다)

遠(とお)い (멀다)

深(ふか)い (깊다)

浅(あさ)い (얕다)

柔(やわ)らかい (부드럽다)

堅(かた)い (단단하다)

速(はや)い (빠르다)

遅(おそ)い (늦다)

甘(あま)い (달다)

辛(から)い (맵다)

広(ひろ)い (넓다)

狭(せま)い (좁다)

明(あか)るい (밝다)

暗(くら)い (어둡다)

新(あたら)しい (새롭다)

古(ふる)い (오래되다)

❀ 색깔(色(いろ))

White　白(しろ) (흰색) → 白(しろ)い (희다)

黒(くろ) (검정) → 黒(くろ)い (검다)

赤(あか) (빨강) → 赤(あか)い (빨갛다)

青(あお) (파랑) → 青(あお)い (파랗다)

黄色(きいろ) (노랑) → 黄色(きいろ)い (노랗다)

だいだい色(いろ) = オレンジ (주황색)

紫(むらさき) (보라색)

緑(みどり) (초록)

茶色(ちゃいろ) (갈색)

黄緑(きみどり) (연두색)

灰色(はいいろ)＝ねずみいろ (회색)

ピンク＝ももいろ (핑크)

水色(みずいろ) (옥색)

こげ茶色(ちゃいろ) (밤색)

藍色(あいいろ) (남색)

朱色(しゅいろ) (주홍색)

アイボリー (아이보리)

空色(そらいろ) (담청색)

ストライプ (줄무늬)

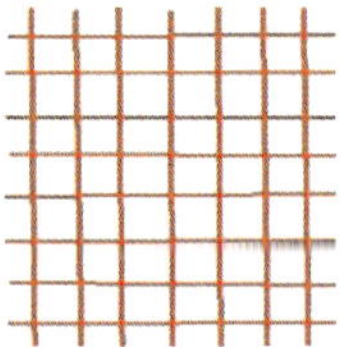

チェック (체크)

むじ (무늬 없음)

はながら (꽃무늬)

❀ 형태(形)

まる
さんかく
しかく
ごかくけい
ろっかくけい
たまごがた
ちょうほうけい
おうぎがた
みかづきがた
ほしがた
ひしがた
ハート
スペード
クローバー
ばつ
てんせん
なみせん
ジグザグ
うずまき
やじるし

❀「全部(ぜんぶ)で」의 「で」: 수량이나 값을 나타내는 조사

① 한 개인 경우

ひとつ（　）いくらですか。 한 개에 얼마입니까?

※ ①의 경우 조사 「で」가 들어가면 안 된다.

② 두 개 이상인 경우

みっつで いくらですか。 세 개에 얼마입니까?

※ ②의 경우는 조사 「で」가 들어가도 되고, 들어가지 않아도 상관없다.

③ 모두의 경우

全部(ぜんぶ)でいくらですか。 전부 얼마입니까?

みんなでいくらですか。 모두 얼마입니까?

※ ③의 경우는 조사 「で」가 반드시 들어가야 한다.

❀ 날씨(天気(てんき))

いい天気(てんき)ですね。 좋은 날씨네요.

気持(きもち)が
いいですね。
기분이 좋네요.

そうですね。 그러네요.

昨日(きのう)はよく降(ふ)りましたね。
어제는 많이도 내렸지요.

ええ、すごい雨(あめ)でしたね。
예, 대단한 비였어요.

寒(さむ)いですね。 춥군요.

ええ、寒(さむ)いですね。 예, 춥군요.

昨日(きのう)は暑(あつ)かったですね。
어제는 더웠지요.

そうですね。 그래요.

暑(あつ)かったですね。 더웠어요.

❀ 비교

① 新幹線(しんかんせん)は電車(でんしゃ)より速(はや)いです。　　신칸센은 전차보다 빠릅니다.

② 象(ぞう)はうさぎより重(おも)いです。　　코끼리는 토끼보다 무겁습니다.

③ りんごと梨(なし)とどちらが多(おお)いですか。　　사과와 배 중 어느 쪽이 많습니까?

りんごの方(ほう)が多(おお)いです。　　사과 쪽이 많습니다.

④ スポーツの中(なか)で何(なに)がおもしろいですか。　스포츠 중에서 무엇이 재미있습니까?

野球(やきゅう)が一番(いちばん)おもしろいです。　야구가 제일 재미있습니다.

サッカ (축구)

野球(やきゅう) (야구)

水泳(すいえい) (수영)

⑤ 果物(くだもの)の中(なか)で何(なに)が一番(いちばん)おいしいですか。　과일 중에서 무엇이 가장 맛있습니까?

桃(もも)が一番(いちばん)おいしいです。　복숭아가 제일 맛있습니다.

桃(もも) (복숭아)

バナナ (바나나)

マンゴ (망고)

회화 ♥ 会話

✿ どんな ~ ですか。

① あれはどんな車(くるま)ですか。

大(おお)きい車(くるま)です。

古(ふる)い車(くるま)です。

黄色(きいろ)い車(くるま)です。

② どんな靴下(くつした)ですか。

長(なが)い靴下(くつした)です。

高(たか)い靴下(くつした)です。

黒(くろ)い靴下(くつした)です。

③ どんな交通標識(こうつうひょうしき)ですか。

一時停止(いちじていし) (일시정지)

進入禁止(しんにゅうきんし) (진입금지)

駐車禁止(ちゅうしゃきんし) (주차금지)

横断禁止(おうだんきんし) (횡단금지)

歩行者専用(ほこうしゃせんよう) (보행자전용)

横断歩道(おうだんほどう) (횡단보도)

7 お酒が好きですか。

술을 좋아합니까?

どんな料理(りょうり)がお好(す)きですか。

そうですね。

和食(わしょく)はきらいですか。

いいえ、きらいじゃありません。好きです。

肉料理(にくりょうり)がお好きですか、それとも魚料理(さかなりょうり)ですか。

寿司(すし)が好きです。

お酒(さけ)が好(す)きですか。

はい、日本酒(にほんしゅ)は好きですが、ビールはきらいです。

お酒が強(つよ)いですか。

いいえ、強(つよ)くありません。弱(よわ)いです。

단어 ♥ 単語

さけ
お酒
(술)

す
好きだ
(좋아하다)

どんな
(어떤)

りょうり
料理
(요리)

そうですね
(글쎄요.)

わしょく
和食
(일본식 음식)

きらいだ
(싫어하다)

にくりょうり
肉料理
(고기요리)

それとも
(혹은)

さかなりょうり
魚料理
(생선요리)

すし
寿司 (초밥)

にほんしゅ
日本酒
(니혼슈)

ビール
(맥주)

つよ
強い
(강하다)

よわ
弱い
(약하다)

해설 ♥ 解説

❀ 기본적인 형용동사

同(おな)じだ (같다)

嫌(きら)いだ (싫어하다)

奇麗(きれい)だ (아름답다)

元気(げんき)だ (건강하다)

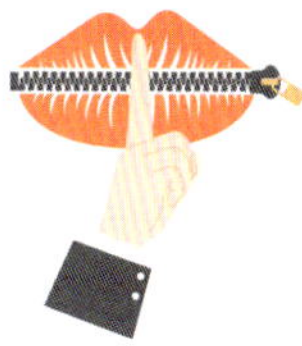

静(しず)かだ (조용하다)

正直(しょうじき)だ (정직하다)

上手(じょうず)だ (능숙하다)

丈夫(じょうぶ)だ (튼튼하다)

親切(しんせつ)だ (친절하다)

心配(しんぱい)だ (걱정이다)

好(す)きだ (좋아하다)

素敵(すてき)だ (멋있다)

大事(だいじ)だ (소중하다)

大丈夫(だいじょうぶ)だ (괜찮다)

派手(はで)だ (화려하다)

不思議(ふしぎ)だ (신기하다)

不便(ふべん)だ (불편하다)

平気(へいき)だ (태연하다)

下手(へた)だ (서툴다)

変(へん)だ (이상하다)

便利(べんり)だ (편리하다)

真面目(まじめ)だ (진지하다)

迷惑(めいわく)だ (성가시다)

面倒(めんどう)だ (귀찮다)

有名(ゆうめい)だ (유명하다)

楽(らく)だ (편안하다)

立派(りっぱ)だ (훌륭하다)

회화 ♥ 会話

❀ 季節(계절)

好きな季節はいつですか。 좋아하는 계절은 언제입니까?

春 (봄)

夏 (여름)

秋 (가을)

冬 (겨울)

1. いい天気ですね。 좋은 날씨군요.

そうですね。 그렇군요.

安さんは、季節の中でいつが一番好きですか。

안철수 씨는 계절 중에 어느 계절을 제일 좋아합니까?

秋です。果物が好きですから。

가을입니다. 과일을 좋아하기 때문에요.

2. どうして秋(あき)が好(す)きですか。　왜 가을을 좋아합니까?

涼(すず)しいですから。　서늘하기 때문에요.

涼(すず)しいのが好(す)きですから。　서늘한 것을 좋아하기 때문에요.

もみじがきれいですから。　단풍이 아름답기 때문에요.

果物(くだもの)がおいしいですから。　과일이 맛있기 때문에요.

旅行(りょこう)が好(す)きですから。　여행을 좋아하기 때문에요.

祭(まつ)りがありますから。　축제가 있기 때문에요.

涼(すず)しい (서늘하다)

コスモス (코스모스)

旅行(りょこう) (여행)

読書(どくしょ) (독서)

果物(くだもの) (과일)

月見(つきみ) (달구경)

秋祭(あきまつ)り (가을축제)

もみじ (단풍)

❀ 과일(果物(くだもの))

何(なに)が一番(いちばん)好(す)きですか。 ➡ りんごが一番(いちばん)好(す)きです。

무엇을 제일 좋아합니까? ➡ 사과를 제일 좋아합니다.

何が一番嫌いですか。 ➡ 柿が一番嫌いです。

무엇을 제일 싫어합니까? ➡ 감을 제일 싫어합니다.

❀ 好(す)きな食(た)べ物(もの)(좋아하는 음식물)

好(す)きな食(た)べ物(もの)は何(なん)ですか。 좋아하는 음식은 무엇입니까?

パン (빵)

うどん (우동)

お寿司(すし) (초밥)

おにぎり (주먹밥)

焼(や)き魚(ざかな) (생선구이)

刺身(さしみ) (생선회)

しるこ (단팥죽)

すき焼(や)き (스키야키)

ラーメン (라면)

うな丼(どん) (장어덮밥)

どんぶり (덮밥)

のり巻(ま)き (김밥)

❀ 취미(趣味)

1. 安さんの趣味は何ですか。　　안철수 씨의 취미는 무엇입니까?

私の趣味は日本のアニメです。　　제 취미는 일본 애니메이션입니다.

私は日本のアニメが好きです。
저는 일본 애니메이션을 좋아합니다.

2. 田中さんは?　　다나카 씨는?

私の趣味はサッカーです。　　제 취미는 축구입니다.

私はサッカーが好きです。
저는 축구를 좋아합니다.

野球 (야구)

音楽 (음악)

買い物 (쇼핑)

映画 (영화)

❀ 형용동사의 활용

静(しず)かだ。 조용하다.	静かです。 조용합니다.
静かではない。 조용하지 않다.	静かではありません。 조용하지 않습니다.
静かだった。 조용하였다.	静かでした。 조용하였습니다.
静かではなかった。 조용하지 않았다.	静かではありませんでした。 조용하지 않았습니다.
静かな部屋(へや) 조용한 방	静かではない部屋。 조용하지 않은 방
静かだった部屋。 조용하였던 방	静かではなかった部屋。 조용하지 않았던 방
この部屋は静かできれいです。 이 방은 조용하고 깨끗합니다.	

❀ 편지(手紙)

朴さん、お元気ですか。

もう11月です。

秋はやはりもみじがよいですね。

とてもきれいです。

町は今にぎやかです。

町の生活はおもしろいですね。

そして便利です。

でも、とても忙しいです。

人はあまり親切じゃありません。

食べ物も高いです。

8 何がありますか。

무엇이 있습니까?

台所に冷蔵庫がありますか。

はい、あります。

冷蔵庫の中に何がありますか。

野菜や果物やミルクや卵などがあります。

ご飯もありますか。

いいえ、ご飯はありません。

冷蔵庫の側に何がありますか。

とだながあります。

冷蔵庫の上に何かありますか。

いいえ、冷蔵庫の上には何もありません。

단어 ♥ 単語

冷蔵庫(れいぞうこ)
(냉장고)

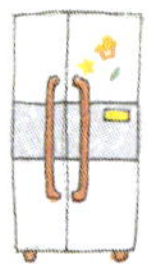

中(なか)
(안, 가운데)

~に
(~에 (장소))

~や
(~랑)

何(なに)
(무엇)

台所(だいどころ)
(부엌)

野菜(やさい)
(채소)

果物(くだもの)
(과일)

ミルク
(우유)

卵(たまご)
(달걀)

~など
(~등)

ご飯(はん)
(밥)

~も
(~도)

側(そば)
(옆)

戸棚(とだな)
(찬장)

上(うえ)
(위)

何(なに)も
(아무것도)

해설 ♥ 解説

❀ あります

「ある(있다)」에 「ます」가 연결된 형태로 사물・식물처럼 동작성이 없는 것의 존재를 나타낸다. 「ます」는 공손한 의미를 뜻하는 조동사로 「~습니다. ~합니다.」이고, 「あります」의 부정은 「ありません」이다.

お金(かね)が ある。	돈이 있다.
お金(かね)が あります。	돈이 있습니다.
お金(かね)は ありません。	돈은 없습니다.

❀ 「~があります」・「~はあります」・「~もあります」

本(ほん)があります。	책이 있습니다.
本(ほん)はあります。	책은 있습니다.
本(ほん)もあります。	책도 있습니다.
本(ほん)がありません。	책이 없습니다.
本(ほん)はありません。	책은 없습니다.
本(ほん)もありません。	책도 없습니다.

❀ 何がありますか・何かありますか

① 何がありますか：무엇이 있습니까?

部屋(へや)の中(なか)に何(なに)がありますか。
방 안에 무엇이 있습니까?

ベッドやテレビやテーブルなどがあります。
침대랑 텔레비전, 테이블 등이 있습니다.

② 何かありますか。：무언가 있습니까?

部屋の中に何かありますか。　방 안에 뭔가 있습니까?

はい、あります。　예, 있습니다.

部屋の中にはベッドやテレビやテーブルがあります。
방 안에는 침대랑 텔레비전, 테이블이 있습니다.

いいえ、何もありません。　아니요, 아무것도 없습니다.

❀ 방향(方向)(ほうこう)

方向(ほうこう) (방향)

東西南北(とうざいなんぼく) (동서남북)

上(うえ) (위)

右(みぎ) (오른쪽)　　左(ひだり) (왼쪽)

下(した) (아래)

前(まえ) (앞)　　後(うし)ろ (뒤)

❀ 위치(位置(いち))

中(なか) (안, 가운데)　外(そと) (바깥)

周(まわ)り (주위)

間(あいだ) (사이)

隣(となり) (이웃)

横(よこ) (옆)

斜(なな)め (비스듬함)

先(さき) (끝)

❀ 駅(えき)には何(なに)がありますか。 역에는 무엇이 있습니까?

① 駅(えき)の中(なか)には券売機(けんばいき)と改札口(かいさつぐち)があります。

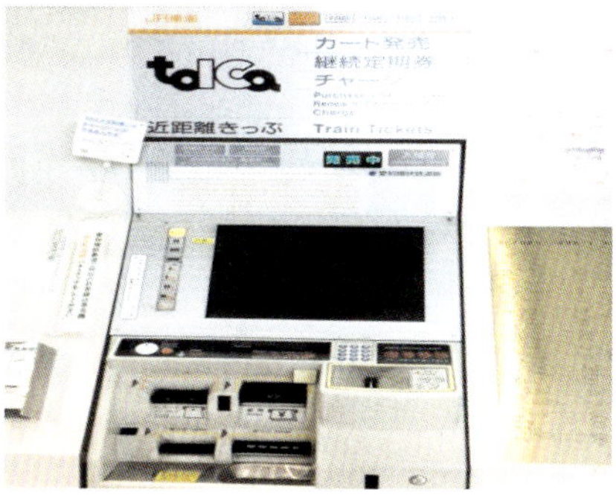

券売機(けんばいき) (매표기)

改札口(かいさつぐち) (개찰구)

② 駅(えき)には東口(ひがしぐち)や西口(にしぐち)や南口(みなみぐち)や北口(きたぐち)などがあります。

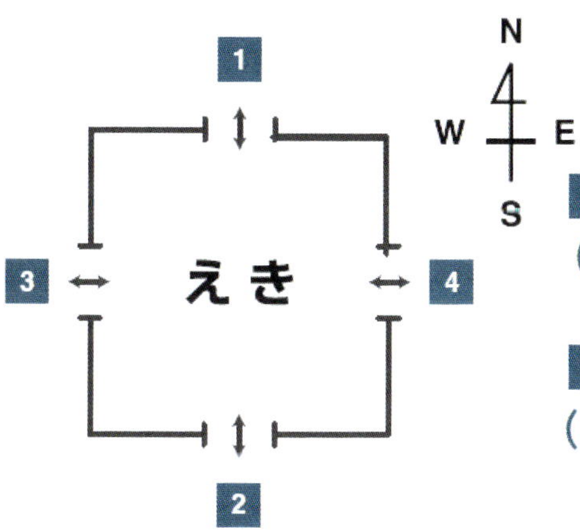

1 北口 (きたぐち)　2 南口 (みなみぐち)

3 西口 (にしぐち)　4 東口 (ひがしぐち)

❀ 方向(ほうこう)(방향)

左折(させつ) (좌회전)

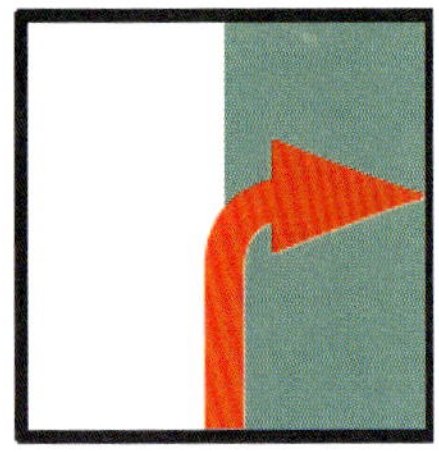

右折(うせつ) (우회전)

まっすぐ (곧장)

ユーターン (유턴)

入口(いりぐち) (입구)

出口(でぐち) (출구)

회화 ♥ 会話

❀ どのくらいありますか。 얼마 정도 있습니까?

(1)

(2)

(3)

(1) お金(かね)がたくさんあります。

(2) お金(かね)が少(すこ)しあります。

(3) お金(かね)が全然(ぜんぜん)ありません。

❀ 何(なに)がありますか。 무엇이 있습니까?

(1)

(2)

(1) お皿(さら)の上(うえ)にフォークとナイフがあります。

(2) お皿(さら)の上(うえ)に何(なに)もありません。

❀ 教室に何がありますか。 교실에 무엇이 있습니까?

① (つくえ) が あります。

② (　　　) が あります。

③ (　　　) が あります。

④ (　　　) が あります。

⑤ (　　　) が あります。

⑥ (　　　) が あります。

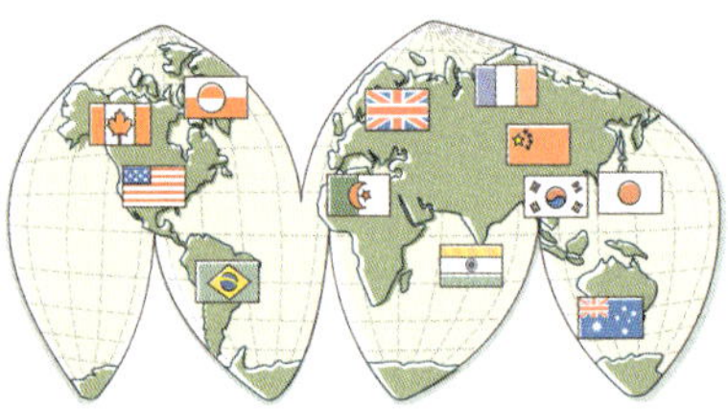

地図 (지도)

時計 (시계)

カレンダー (캘린더)

ノートブック (노트북)

❀ デパートで(백화점에서)

すみませんが、紳士服(しんしふく)はどこですか。 미안합니다만, 신사복 매장은 어딥니까?

紳士服(しんしふく)は3階(がい)でございます。 신사복은 3층입니다.

どうも。 고맙습니다.

❀ 何階(なんかい)(몇 층)

10F	じゅっかい／じっかい
9F	きゅうかい
8F	はっかい
7F	ななかい
6F	ろっかい
5F	ごかい
4F	よんかい
3F	さんがい
2F	にかい
1F	いっかい
地下1F	ちか いっかい

❀ 何階(なんかい)ですか。 몇 층입니까?

❀ 私の家(우리 집)

私の家はマンションの4階にあります。

マンションの前にスーパーがあります。

スーパーにはいろいろな物があります。

❀ あなたの家(部屋、家の近く)に何がありますか。

❀ 물건 등의 조수사 – 1

	~개(個)	~자루(本)	~장(枚)	~권(冊)	~대(台)
1	いっこ	いっぽん	いちまい	いっさつ	いちだい
2	にこ	にほん	にまい	にさつ	にだい
3	さんこ	さんぼん	さんまい	さんさつ	さんだい
4	よんこ	よんほん	よんまい	よんさつ	よんだい
5	ごこ	ごほん	ごまい	ごさつ	ごだい
6	ろっこ	ろっぽん	ろくまい	ろくさつ	ろくだい
7	ななこ	ななほん	ななまい	ななさつ	ななだい
8	はっこ	はっぽん	はちまい	はっさつ	はちだい
9	きゅうこ	きゅうほん	きゅうまい	きゅうさつ	きゅうだい
10	じゅっこ	じゅっぽん	じゅうまい	じゅうさつ	じゅうだい
?	なんこ	なんぼん	なんまい	なんさつ	なんだい

❀ 물건 등의 조수사 – 2

	 ~잔(杯)	 ~벌(着)	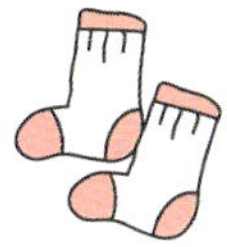 ~켤레(足)	 ~채(軒)	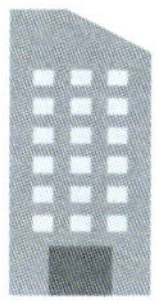 ~층(階)
1	いっぱい	いっちゃく	いっそく	いっけん	いっかい
2	にはい	にちゃく	にそく	にけん	にかい
3	さんばい	さんちゃく	さんそく	さんけん	さんがい
4	よんはい	よんちゃく	よんそく	よんけん	よんかい
5	ごはい	ごちゃく	ごそく	ごけん	ごかい
6	ろっぱい	ろくちゃく	ろくそく	ろっけん	ろっかい
7	ななはい	ななちゃく	ななそく	ななけん	ななかい
8	はっぱい	はっちゃく	はっそく はちそく	はっけん はちけん	はっかい
9	きゅうはい	きゅうちゃく	きゅうそく	きゅうけん	きゅうかい
10	じゅっぱい	じっちゃく	じっそく	じゅうけん	じゅっかい
?	なんばい	なんちゃく	なんそく	なんけん	なんがい

❀ 물건 등의 조수사 – 3

	~횟수(回)	~년(年)	~송이(房)	~기(機)	~쌍(組)
1	いっかい	いちねん	ひとふさ	いっき	ひとくみ
2	にかい	にねん	ふたふさ	にき	ふたくみ
3	さんかい	さんねん	さんふさ	さんき	さんくみ
4	よんかい	よねん	よんふさ	よんき	よんくみ
5	ごかい	ごねん	ごふさ	ごき	ごくみ
6	ろっかい	ろくねん	ろくふさ	ろっき	ろっくみ
7	ななかい	ななねん	ななふさ	ななき	ななくみ
8	はっかい	はちねん	はちふさ	はっき	はっくみ
9	きゅうかい	きゅうねん	きゅうふさ	きゅうき	きゅうくみ
10	じっかい	じゅうねん	じっふさ	じゅうき	じっくみ
?	なんかい	なんねん	なんふさ	なんき	なんくみ

9 誰がいますか。

누가 있습니까?

講義室(こうぎしつ)には誰(だれ)がいますか。

男(おとこ)の学生(がくせい)と女(おんな)の学生(がくせい)がいます。

女(おんな)の学生(がくせい)は何人(なんにん)いますか。

一人(ひとり)、二人(ふたり)、三人(さんにん)、四人(よにん)、五人(ごにん)、六人(ろくにん)、七人(しちにん)、八人(はちにん)、九人(きゅうにん)、十人(じゅうにん)、

十一人(じゅういちにん)、女(おんな)の学生(がくせい)は十一人(じゅういちにん)います。

田中先生(たなかせんせい)もいますか。

いいえ、田中(たなか)先生はいません。

では、田中(たなか)先生はどこにいますか。

図書館(としょかん)にいます。

단어 ♥ 単語

こうぎしつ
講義室
(강의실)

だれ
誰
(누구)

~と
(~와, ~과)

おとこ
男
(남자)

おんな
女
(여자)

おとこ　がくせい
男の学生
(남학생)

おんな　がくせい
女の学生
(여학생)

なんにん
何人
(몇 사람, 몇 명)

た なか
田中
(일본인의 성)

せんせい
先生
(선생님)

と しょかん
図書館
(도서관)

해설 ♥ 解説

❀ ~います(~있습니다.)

「いる(있다)」에 「ます」가 연결된 형태이다. 「ある」가 동작성 없는 사물의 존재를 나타낸다면, 「いる」는 동작성 있는 사람이나 동물의 존재를 나타낸다. 또한 「いる」의 부정은 「いない」이며, 「います」의 부정은 「いません」이다.

部屋(へや)に人(ひと)がいる。	방에 사람이 있다.
部屋に人がいない。	방에 사람이 없다.
部屋に人がいます。	방에 사람이 있습니다.
部屋に人はいません。	방에 사람은 없습니다.

❀ ~何(なに)・誰(だれ)・どれ

何(なに)がいますか。	무엇이 있습니까?
何(なに)かいますか。	뭔가 있습니까?
誰(だれ)がいますか。	누가 있습니까?
誰(だれ)かいますか。	누군가 있습니까?
ビールはどれですか。	맥주는 어느 것입니까?

❀ 가축(家畜)

うし (소)

うま (말)

いぬ (개)

ねこ (고양이)

ひつじ (양)

やぎ (염소)

ぶた (돼지)

うさぎ (토끼)

にわとり (닭)

동물(動物)

とら (호랑이)

おおかみ (늑대)

キリン (기린)

ライオン (사자)

しか (사슴)

くま (곰)

かば (하마)

ぞう (코끼리)

たぬき (너구리)

コアラ (코알라)

きつね (여우)

いのしし (멧돼지)

らくだ (낙타)

りす (다람쥐)

ねずみ (쥐)

❀ 새(鳥)

あひる (오리)

きじ (꿩)

つばめ (제비)

たか (매)

かささぎ (까치)

からす (까마귀)

すずめ (참새)

はと (비둘기)

おしどり (원앙)

いんこ (잉꼬)

かもめ (갈매기)

わし (독수리)

❀ 수중생물

かえる (개구리)

いるか (돌고래)

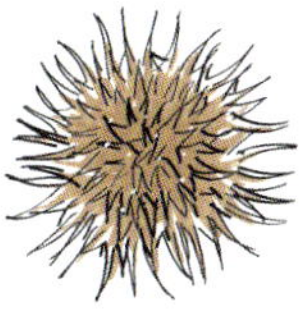

うに (성게)

かに (게)

くじら (고래)

くらげ (해파리)

ペンギン (펭귄)

ほたて (가리비)

さめ (상어)

ざりがに (가재)

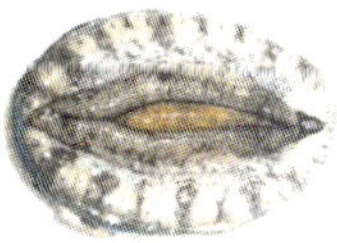

あわび (전복)

わに (악어)

❀ 물고기(魚) – 민물

こい (잉어)

めだか (송사리)

うなぎ (뱀장어)

ふな (붕어)

あゆ (은어)

はや (피라미)

ます (송어)

なまず (메기)

どじょう (미꾸라지)

わかさぎ (빙어)

さけ (연어)

ぼら (숭어)

❀ 물고기(魚) — 바다

まぐろ (참치)

かつお (가다랑어)

にしん (청어)

たこ (문어)

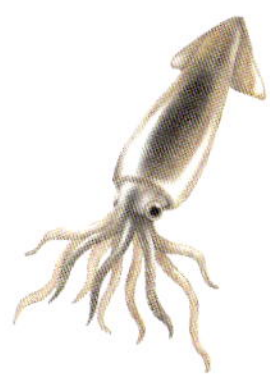

いか (오징어)

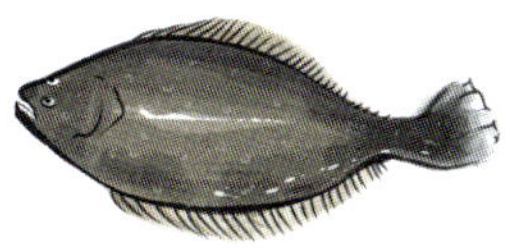

ひらめ (넙치)

えい (가오리)

たい (도미)

さんま (꽁치)

さば (고등어)

ふぐ (복어)

たちうお (갈치)

회화 ♥ 会話

❀ どこにいますか。

いすの上 (의자 위)

いすの下 (의자 아래)

箱の中 (상자 속)

① (猫はいすの上) にいます。

(いすの上に猫) がいます。

② (   ) にいます。

(   ) がいます。

③ (   ) にいます。

(   ) がいます。

❀ 誰(だれ)がいますか。 누가 있습니까?

誰かいますか。　　누군가 있습니까?

何(なに)がいますか。　　무엇이 있습니까?

何かいますか。　　뭔가 있습니까?

野村(のむら)さん

子(こ)ども

金魚(きんぎょ)

① (野村(のむら)さん) がいます。

② (　　　　　　　) がいます。

③ (　　　　　　　) がいます。

先生(せんせい)

赤(あか)ちゃん

犬(いぬ)

❀ 사람이나 동물 관련 조수사

	사람(人)	큰 동물(頭)	새(羽)	작은 동물 물고기(匹)
1	ひとり	いっとう	いちわ いっぱ	いっぴき
2	ふたり	にとう	にわ	にひき
3	さんにん	さんとう	さんば さんわ	さんびき
4	よにん	よんとう	よんわ	よんひき
5	ごにん	ごとう	ごわ	ごひき
6	ろくにん	ろくとう	ろくわ	ろっぴき
7	ななにん	ななとう	ななわ	ななひき
8	はちにん	はっとう	はちわ	はっぴき
9	きゅうにん	きゅうとう	きゅうわ	きゅうひき
10	じゅうにん	じっとう	じゅうわ	じゅっぴき
?	なんにん	なんとう	なんば	なんびき

10 私の一日。

나의 하루

7:00

7時に起きます。

朝ご飯を食べます。

8:00

学校へ行きます。

9:00

学校で勉強します。

1:00

昼ご飯を食べます。

3:00

コーヒーを飲みます。

5:00

家へ帰ります。

6:00

夕ご飯を食べます。

7:00

テレビを見ます。

10:00

10時に寝ます

단어 ♥ 単語

一日(いちにち)
(하루)

起(お)きる
(일어나다)

朝(あさ)ご飯(はん)
(아침밥)

食(た)べる
(먹다)

学校(がっこう)
(학교)

行(い)く
(가다)

勉強(べんきょう)
(공부)

昼(ひる)ご飯(はん)
(점심밥)

コーヒー
(커피)

飲(の)む
(마시다)

家(うち)
(집)

帰(かえ)る
(돌아가다)

夕(ゆう)ご飯(はん)
(저녁밥)

見(み)る
(보다)

寝(ね)る
(자다)

해설 ♥ 解説

❀ 기본적인 동사

食べる (먹다)

飲む (마시다)

読む (읽다)

起きる (일어나다)

寝る (자다)

着る (입다)

履く (입다, 신다)

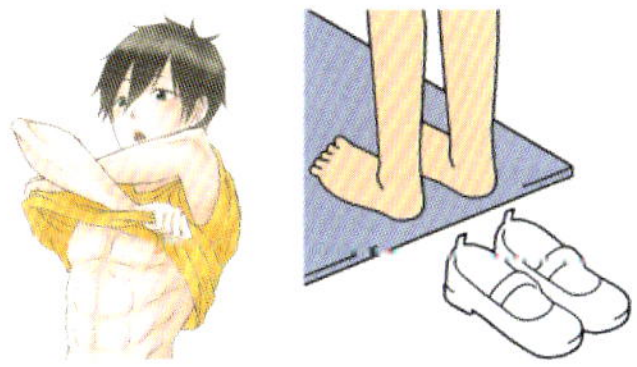

脱ぐ (벗다)

呼ぶ (부르다)

止まる (멈추다)

歩(ある)く (걷다)

走(はし)る (달리다)

動(うご)く (움직이다)

立(た)つ (일어서다)

座(すわ)る (앉다)

休(やす)む (쉬다)

押(お)す (누르다)

引(ひ)く (당기다)

叩(たた)く (두드리다)

行(い)く (가다)

来(く)る (오다)

聞(き)く (듣다)

見(み)る (보다)

入(はい)る (들어가다)

出(で)る (나오다)

帰(かえ)る (돌아가다)

拾(ひろ)う (줍다)

捨(す)てる (버리다)

持(も)つ (들다, 가지다)

開(あ)ける (열다)

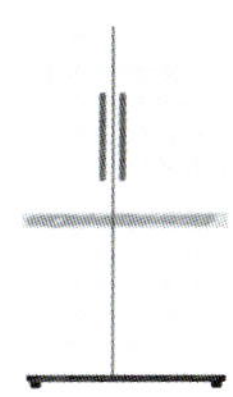

閉(し)める (닫다)

洗(あら)う (씻다)

書(か)く (쓰다)

切(き)る (자르다)

❀ ~ます。(~합니다)

① 私は　学校へ　行きます。
　　　　日本へ
　　　　スーパーへ

あなたは (どこへ) 行きますか。

② 私は　バスで　学校へ 来ます。
　　　　車で
　　　　地下鉄で
　　　　自転車で

あなたは (なんで) 学校へ 来ますか。

③ 私は　来週　古里へ 帰ります。
　　　　土曜日(に)
　　　　9月２０日に

あなたは (いつ) 古里へ 帰りますか。

行きます (갑니다)

来ます (옵니다)

帰ります (돌아갑니다)

❀ 동사의 긍정과 부정

洗(あら)う
(씻다)

顔(かお)を洗(あら)います。
세수를 합니다.

顔(かお)を洗(あら)いません。
세수를 하지 않습니다.

聞(き)く
(듣다)

音楽(おんがく)を聞(き)きます。
음악을 듣습니다.

音楽(おんがく)を聞(き)きません。
음악을 듣지 않습니다.

話(はな)す
(이야기하다)

金さんと話(はな)します。
김○○ 씨와 이야기합니다.

金さんと話(はな)しません。
김○○ 씨와 이야기하지 않습니다.

待(ま)つ
(기다리다)

友達(ともだち)を待(ま)ちます。
친구를 기다립니다.

友達(ともだち)を待(ま)ちません。
친구를 기다리지 않습니다.

歩(ある)く
(걷다)

道(みち)を歩(ある)きます。
길을 걷습니다.

道(みち)を歩(ある)きません。
길을 걷지 않습니다.

飲(の)む
(마시다)

友達(ともだち)とお酒(さけ)を飲(の)みます。
친구와 술을 마십니다.

友達(ともだち)とお酒(さけ)を飲(の)みません。
친구와 술을 마시지 않습니다.

見(み)る
(보다)

テレビを見(み)ます。
텔레비전을 봅니다.

テレビを見(み)ません。
텔레비전을 보지 않습니다.

食(た)べる
(먹다)

毎朝(まいあさ)、ご飯(はん)を食(た)べます。
매일 아침, 밥을 먹습니다.

毎朝(まいあさ)、ご飯(はん)を食(た)べません。
매일 아침, 밥을 먹지 않습니다.

する
(하다)

田中(たなか)さんと一緒(いっしょ)に勉強(べんきょう)します。
다나카 씨와 함께 공부합니다.

田中(たなか)さんと一緒(いっしょ)に勉強(べんきょう)しません。
다나카 씨와 함께 공부하지 않습니다.

来(く)る
(오다)

お客(きゃく)さんが来(き)ます。
손님이 옵니다.

お客(きゃく)さんが来(き)ません。
손님이 오지 않습니다.

❀ 반대어

毎朝7時に起きます。

매일 7시에 일어납니다.

毎晩10時に寝ます。

매일 밤 10시에 잡니다.

授業は9時に始まります。

수업은 9시에 시작됩니다.

授業は5時に終わります。

수업은 5시에 끝납니다.

大学へは車で行きます。

대학에는 차로 갑니다.

学校はバスで来ます。

학교는 버스로 옵니다.

中国語を教えます。

중국어를 가르칩니다.

韓国語を習います。

한국어를 배웁니다.

新しい着物を買います。

새 옷을 삽니다.

古本を売ります。

헌책을 팝니다.

学校の前でバスに乗ります。

학교 앞에서 버스를 탑니다.

バスを降ります。

버스를 내립니다.

背広(せびろ)を着(き)ます。

양복을 입습니다.

ズボンを脱(ぬ)ぎます。

바지를 벗습니다.

窓(まど)を開(あ)けます。

창문을 엽니다.

ドアを閉(し)めます。

문을 닫습니다.

部屋(へや)の中(なか)に入(はい)ります。

방 안에 들어갑니다.

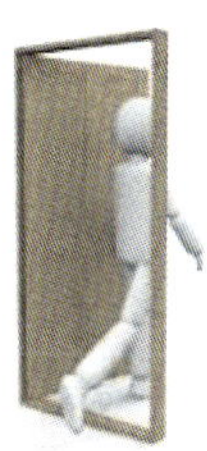

外(そと)へ出(で)ます。

밖으로 나갑니다.

❀ 의태어와 의태어

はらはら (아슬아슬)

がっくり (맥이 풀림)

ふわふわ (둥실둥실)

ぴかぴか (반짝반짝 _ 광택)

きらきら (반짝반짝 _ 빛)

あっさり (산뜻하게)

ばたん (덜커덕)

しとしと (촉촉이)

わくわく (두근두근)

ぷしゅう
(빵 터지는 소리)

げんなり
(기력을 잃음)

ゆさゆさ
(크게 흔들리는 모양)

さわさわ (산들산들)

がやがや (왁자지껄)

ずるっ (미끄러졌을 때 소리)

ぱちぱち (깜박깜박)

そよそよ (산들산들)

びくびく (흠칫흠칫)

ぼんやり (어렴풋이)

びりびり (찢을 때 소리)

めらめら (이글이글)

いらいら (안달복달)

にこにこ (싱글벙글)

ばらばら (뿔뿔이)

めろめろ (느슨함)

ごほんごほん (콜록콜록)

がちゃん (쨍그랑)

もくもく (뭉게뭉게)

どかん (쾅, 쿵)

うろうろ (허둥지둥)

いそいそ (허겁지겁)

がりがり (으드득으드득)

どすん (털썩)

ざわざわ (와삭와삭)

わんわん (멍멍)

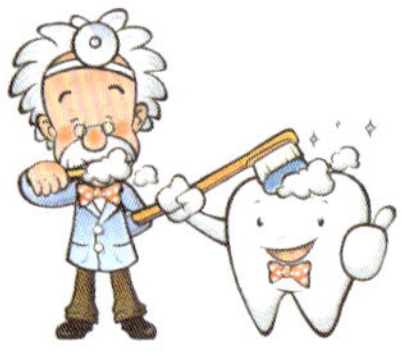

しっかり (빈틈없이)

회화 ♥ 会話

❀ 間違い探し(틀린 곳 찾기)

A	B
猫	ざぶとん
時計(6時)	時計(3時)
みかん(3つ)	みかん(2つ)
かびん(花がない)	花とかびん
カレンダー(11月)	カレンダー(10月)
かけじく(山)	かけじく(鳥)
新聞	本

❀ 私(わたし)の一日(いちにち)(나의 하루)

私(わたし)は、毎朝(まいあさ)6時(じ)に起(お)きます。それから顔(かお)を洗(あら)います。

7時(じ)に朝(あさ)ご飯(はん)を食(た)べます。7時半(じはん)に学校(がっこう)へ行(い)きます。

8時(じ)から勉強(べんきょう)をします。12時(じ)に昼(ひる)ご飯(はん)を食(た)べます。

5時(じ)ごろ、家(いえ)へ帰(かえ)ります。公園(こうえん)で散歩(さんぽ)をします。

時々(ときどき)、テレビを見(み)ます。7時(じ)にみんなで夕(ゆう)ご飯(はん)を食(た)べます。

それから、テレビを見(み)ます。夜(よる)、11時(じ)に寝(ね)ます。

※ あなたの一日(いちにち)は?

11 どこで買いましたか。

어디서 샀습니까?

素敵な服ですね。

どこで買いましたか。

デパートで買いました。

日曜日デパートへ行きましたか。

いいえ、土曜日に行きました。

木村さんの帽子もいいですね。

どこで買いましたか。

私はインターネットで買いました。

今はインターネットでいろいろなことができますね。

단어 ♥ 単語

買(か)う
(사다)

素敵(すてき)だ
(멋지다)

服(ふく)
(옷)

デパート
(백화점)

帽子(ぼうし)
(모자)

いい
(좋다)

インターネット
(인터넷)

いろいろ
(여러 가지)

~こと
(~것)

できる
(할 수 있다)

(하면 할 수 있다)

해설 ♥ 解説

❀ 타는 것(乗り物)

車に乗ります

バスに乗ります

バスを降ります

電車に乗ります

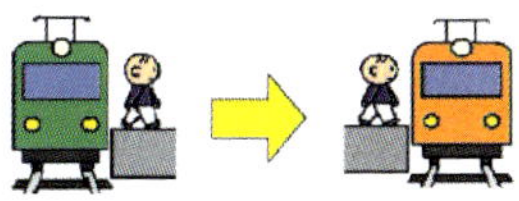

電車を乗り換えます

電車を降ります

新宿から秋葉原まで電車で行きます。

新宿で電車に乗ります。

秋葉原で電車を降ります。

① いつどこに行きましたか。

② 何で行きましたか。

③ どこで乗りましたか。

④ どこで乗り換えましたか。

⑤ どこで降りましたか。

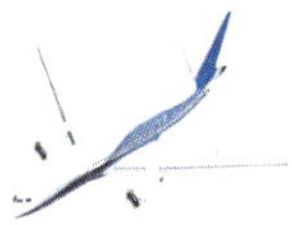

ひこうき
飛行機 (비행기)

でんしゃ
電車 (전차)

ちかてつ
地下鉄 (지하철)

しんかんせん
新幹線 (신칸센)

バス (버스)

くるま
車 (차)

タクシー (택시)

パトカー (경찰차)

しょうぼうしゃ
消防車
(소방차)

きゅうきゅうしゃ
救急車
(구급차)

モノレール
(모노레일)

ロープウェイ
(케이블카)

じてんしゃ
自転車
(자전거)

オートバイ
(오토바이)

ふね
船
(배)

ヨット
(요트)

❀ 동사의 활용

1. 5단 활용동사

동사	현재	과거	
買(か)う (사다)	買(か)います。 (삽니다) 買(か)いません。 (사지 않습니다)	買(か)いました。 (샀습니다) 買(か)いませんでした。 (사지 않았습니다)	
書(か)く (쓰다)	書(か)きます。 (씁니다) 書(か)きません。 (쓰지 않습니다)	書(か)きました。 (썼습니다) 書(か)きませんでした。 (쓰지 않았습니다)	
脱(ぬ)ぐ (벗다)	脱(ぬ)ぎます。 (벗습니다) 脱(ぬ)ぎません。 (벗지 않습니다)	脱(ぬ)ぎました。 (벗었습니다) 脱(ぬ)ぎませんでした。 (벗지 않았습니다)	
話(はな)す (말하다)	話(はな)します。 (말합니다) 話(はな)しません。 (말하지 않습니다)	話(はな)しました。 (말했습니다) 話(はな)しませんでした。 (말하지 않았습니다)	
持(も)つ (들다 가지다)	持(も)ちます。 (듭니다) 持(も)ちません。 (들지 않습니다)	持(も)ちました。 (들었습니다) 持(も)ちませんでした。 (들지 않았습니다)	

死(し)ぬ (죽다)	死(し)にます。 (죽습니다)	死(し)にました。 (죽었습니다)	
	死(し)にません。 (죽지 않습니다)	死(し)にませんでした。 (죽지 않았습니다)	
飛(と)ぶ (날다)	飛(と)びます。 (납니다)	飛(と)びました。 (날았습니다)	
	飛(と)びません。 (날지 않습니다)	飛(と)びませんでした。 (날지 않았습니다)	
飲(の)む (마시다)	飲(の)みます。 (마십니다)	飲(の)みました。 (마셨습니다)	
	飲(の)みません。 (마시지 않습니다)	飲(の)みませんでした。 (마시지 않았습니다)	
乗(の)る (타다)	乗(の)ります。 (탑니다)	乗(の)りました。 (탔습니다)	
	乗(の)りません。 (타지 않습니다)	乗(の)りませんでした。 (타지 않았습니다)	

2. 상하일단 활용동사

起きる (일어나다)	起きます。 (일어납니다) 起きません。 (일어나지 않습니다)	起きました。 (일어났습니다) 起きませんでした。 (일어나지 않았습니다)	
食べる (먹다)	食べます。 (먹습니다) 食べません。 (먹지 않습니다)	食べました。 (먹었습니다) 食べませんでした。 (먹지 않았습니다)	

3. 변격동사

する (하다)	します。 (합니다) しません。 (하지 않습니다)	しました。 (했습니다) しませんでした。 (하지 않았습니다)	
来る (오다)	来ます。 (옵니다) 来ません。 (오지 않습니다)	来ました。 (왔습니다) 来ませんでした。 (오지 않았습니다)	

❀ 품사별 과거형

1. 명사의 과거형: 명사 + でした。

誕生日(たんじょうび)です。 ➡ 誕生日でした。
생일입니다. ➡ 생일이었습니다.

学生(がくせい)です。 ➡ 学生でした。
학생입니다. ➡ 학생이었습니다.

2. 조동사 「~ます」의 과거형: ~ました。

書(か)きます。 ➡ 書きました。
씁니다. ➡ 썼습니다.

遊(あそ)びます。 ➡ 遊びました。
놉니다. ➡ 놀았습니다.

※ 과거에 대해 표현하려면 「~です」와 「~ます」를 각각 「~でした」와 「~ました」로 바꾸면 된다.

3. 「~ではありません」의 과거형: ~ではありませんでした。

本(ほん)ではありません。 ➡ 本ではありませんでした。

책이 아닙니다. ➡ 책이 아니었습니다.

建物(たてもの)ではありません。 ➡ 建物ではありませんでした。

건물이 아닙니다. ➡ 건물이 아니었습니다.

4. 「~ません」의 과거형: ~ませんでした。

飲(の)みません。 ➡ 飲みませんでした。

마시지 않습니다. ➡ 마시지 않았습니다.

遊(あそ)びません。 ➡ 遊びませんでした。

놀지 않습니다. ➡ 놀지 않았습니다.

5. 형용사의 과거형: ~かった

暑(あつ)い。 ➡ 暑かった。

덥다. ➡ 더웠다.

暑(あつ)いです。 ➡ 暑かったです。

덥습니다. ➡ 더웠습니다.

※ 형용사의 과거형은 어미 「い」가 「かった」로 바뀐다.

6. 형용사 부정형의 과거형: ~くなかったです。

黒(くろ)くないです。➡ 黒くなかったです。
검지 않습니다. ➡ 검지 않았습니다.

暑(あつ)くないです。➡ 暑くなかったです。
덥지 않습니다. ➡ 덥지 않았습니다.

7. 형용동사의 과거형: でした

きれいです。➡ きれいでした。
아름답습니다. ➡ 아름다웠습니다.

静(しず)かです。➡ 静かでした。
조용합니다. ➡ 조용하였습니다.

회화 ♥ 会話

❀ あなたは昨日何をしましたか。

例) 私は昨日の朝６時に起きました。

午前

6:00

7:00

午後

12:00

4:00

6:00

10:00

❀ 개수

ひとつ	ふたつ	みっつ	よっつ
(一つ)	(二つ)	(三つ)	(四つ)
(하나)	(둘)	(셋)	(넷)

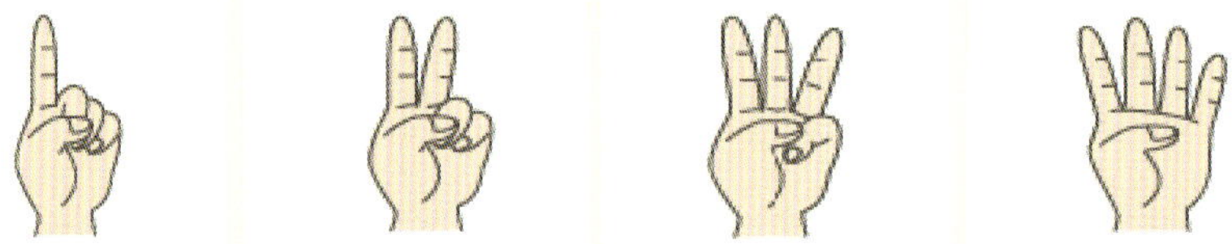

いつつ	むっつ	ななつ	やっつ
(五つ)	(六つ)	(七つ)	(八つ)
(다섯)	(여섯)	(일곱)	(여덟)

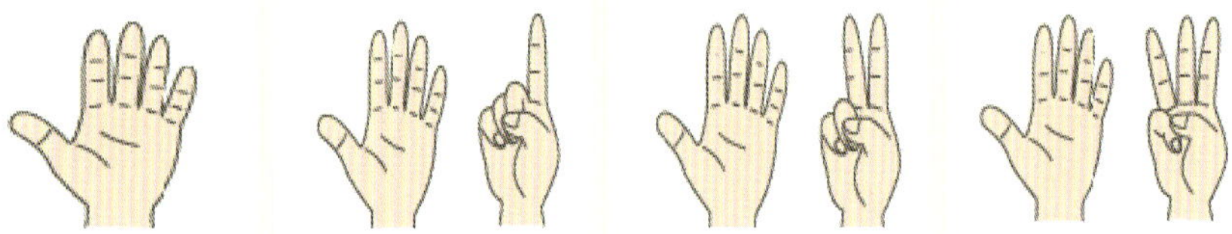

ここのつ	とお	じゅういちにち	いくつ
(九つ)	(十)	(十一)	(幾つ)
(아홉)	(열)	(열하나)	(몇 개)

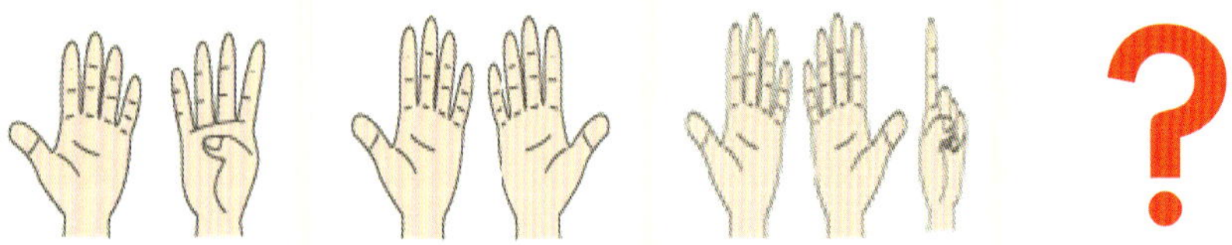

Ⅲ

워크북

1 あいさつ

인사

おはようございます。

(아침 인사)

こんにちは。

(낮 인사)

こんばんは。

(밤 인사)

お元気(げんき)ですか。

(안녕하세요?)

おかげさまで、元気(げんき)です。

(덕분에 잘 있습니다.)

お変(か)わりありませんか。

(별고 없습니까?)

いい天気(てんき)ですね。

(좋은 날씨군요.)

おひさしぶりですね。

(오래만이군요.)

いらっしゃいませ。

(어서 오세요.)

おめでとうございます。

(축하합니다.)

ありがとうございます。

(고맙습니다.)

いいえ、どういたしまして。

(아니오, 천만에요.)

おやすみなさい。

(안녕히 주무세요.)

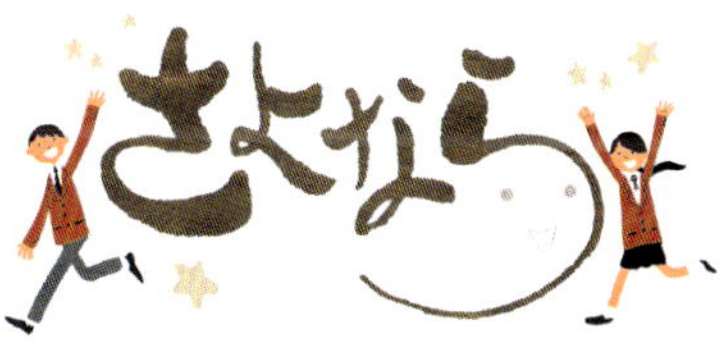

さようなら。

(안녕히 가십시오. 계십시오.)

では、またあした。

(그럼 또 내일 만나요.)

わかりました。

(알겠습니다.)

かしこまりました。

(알겠습니다.)

また連絡(れんらく)します。

(또 연락드리겠습니다.)

いってまいります。

(다녀오겠습니다.)

いっていらっしゃい。

(잘 다녀오세요.)

ただいま。

(다녀왔습니다.)

おかえりなさい。

(잘 다녀오셨어요?)

お先(さき)にどうぞ。
(먼저 하세요.)

ごめんなさい。
(미안합니다.)

いただきます。
(먹겠습니다.)

おいしいですね。
(맛있군요.)

ごちそうさまでした。
(잘 먹었습니다.)

失礼(しつれい)しました。
(실례했습니다.)

いろいろお世話(せわ)になりました。
(여러 가지 신세졌습니다.)

いいえ、こちらこそ。
(아니오, 저야말로.)

2 食(た)べ物(もの)

음식

ごはん／ライス (밥)

パン (빵)

シリアル (시리얼)

ジャム (잼)

バター (버터)

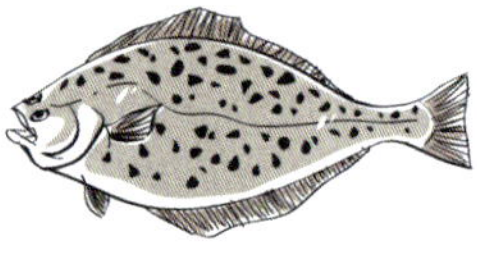

さかな (생선)

えび (새우)

かに (게)

にく (고기)

ぎゅうにく／ビーフ
(소고기)

とりにく／チキン
(닭고기)

ぶたにく／ポーク
(돼지고기)

たまご (달걀)

チーズ (치즈)

ヨーグルト (요구르트)

やさい (채소)

キャベツ (양배추)

きゅうり (오이)

じゃがいも (감자)

たまねぎ (양파)

トマト (토마토)

にんじん (당근)

レタス (양상추)

お菓子(かし) (과자)

あめ (사탕)

クッキー (쿠키)

ケーキ (케이크)

チョコレート (초콜릿)

さとう (설탕)

しお (소금)

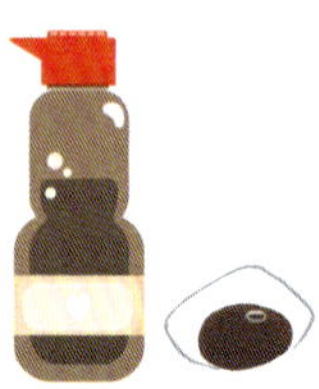

しょうゆ (간장)

こめ (쌀)

のり (김)

とうふ (두부)

なっとう (낫토)

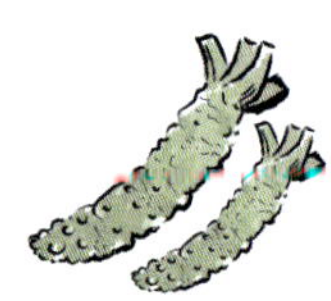

わさび (와사비)

3 飲み物

の　もの

음료수

おちゃ (차)

こうちゃ (홍차)

コーヒー (커피)

ホット (뜨거운)

アイス (아이스)

かんコーヒー (캔커피)

サイダー
(사이다)

コーラ
(콜라)

オレンジジュース
(오렌지 주스)

みず (물)

おゆ (데운 물)

ミルク (우유)

とうにゅう (두유)

ココア (코코아)

むぎちゃ (보리차)

おさけ (술)

ビール (맥주)

なまビール (생맥주)

ワイン (와인)

カクテル (칵테일)

ウイスキー (위스키)

にほんしゅ (니혼슈)

しょうちゅう (소주)

マッコリ (막걸리)

4 料理(りょうり)

요리

にほんりょうり

(일본요리)

うどん

(우동)

そば

(메밀국수)

すし (초밥)

さしみ (생선회)

てんぷら (튀김)

おにぎり (주먹밥)

べんとう (도시락)

みそしる (된장국)

やきそば (튀김국수)

ラーメン (라면)

カレー (카레)

サンドイッチ (샌드위치)

サラダ (샐러드)

スープ (수프)

ステーキ
(스테이크)

スパゲティ(パスタ)
(스파게티)

チーズバーガー
(치즈버거)

ハンバーガー (햄버거)

ピザ (피자)

フライドポテト (감자튀김)

レストラン
(레스토랑)

ファーストフードてん
(패스트푸드점)

~や(さん)
(~가게)

5 家（いえ）

집

いっこだて (단독주택)

アパート (공동주택)

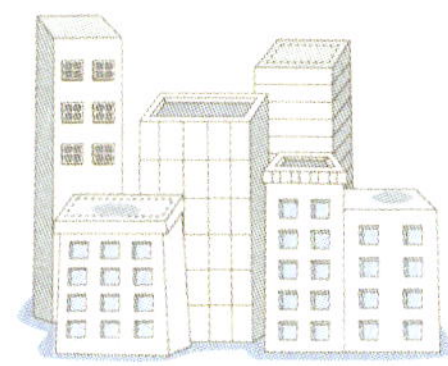

マンション (맨션)

にわ (정원)

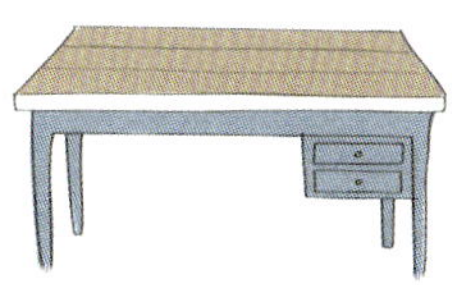

つくえ (책상)

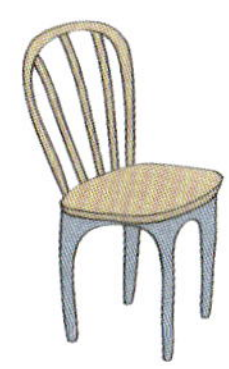

いす (의자)

テーブル (테이블)

たな (선반)

ほんだな (책장)

ベッド (침대)

カーテン (커튼)

ソファ (소파)

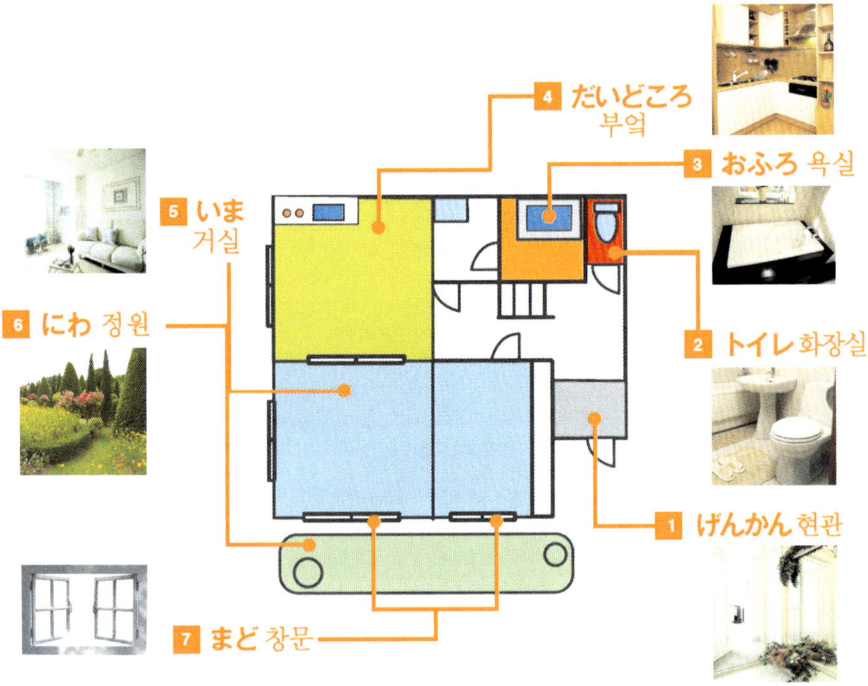

6 花（はな）

꽃

むくげ (무궁화)

さくら (벚꽃)

つばき (동백꽃)

ふじ (등나무)

さるすべり (백일홍)

うめ (매화)

すみれ (제비꽃)

コスモス (코스모스)

ききょう (도라지)

アジサイ (수국)

パンジー (팬지)

わすれなぐさ (물망초)

たんぽぽ (민들레)

けし (양귀비)

チューリップ (튤립)

おきなぐさ (할미꽃)

すずらん (은방울꽃)

すいせん (수선화)

カーネーション (카네이션)

ぼたん (모란)

ゆり (백합)

はす (연꽃)

あやめ (붓꽃)

しょうぶ (창포)

つきみそう (달맞이꽃)

ばら (장미)

ひるがお (메꽃)

けいとう (맨드라미)

まつばぼたん (채송화)

あさがお (나팔꽃)

ほうせんか (봉선화)

はまなす (해당화)

ひまわり (해바라기)

らん (난초)

きく (국화)

かすみそう (안개꽃)

クローバー (클로버)

あざみ (엉겅퀴)

すすき (참억새)

なでしこ (패랭이꽃)

はぎ (싸리)

れんぎょう (개나리)

つつじ (진달래)

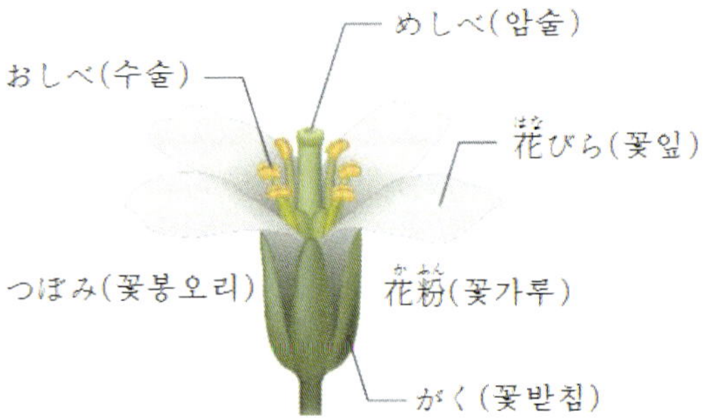

7 電化製品（でんかせいひん）

가전제품

せんたくき (세탁기)

でんしレンジ (전자레인지)

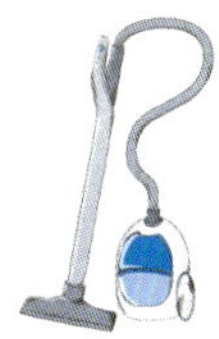

そうじき (청소기)

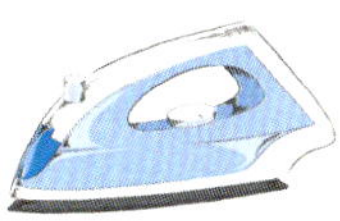

アイロン (다리미)

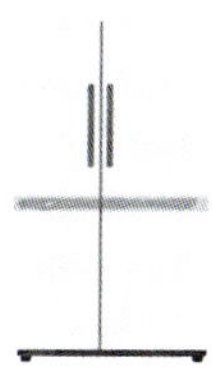

れいぞうこ (냉장고)

エアコン (에어컨)

せんぷうき (선풍기)

テレビ (텔레비전)

ファンヒーター (팬히터)

でんわ (전화)

コンピューター (컴퓨터)

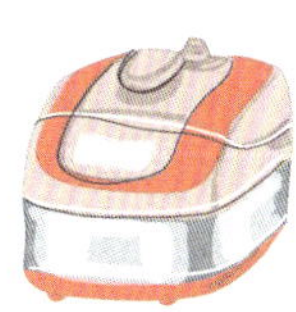

すいはんき (전기밥솥)

8 スポーツ

스포츠

ゴルフ (골프)

サッカー (축구)

やきゅう (야구)

じゅうどう (유도)

すいえい (수영)

バドミントン (배드민턴)

ピンポン (탁구)

テニス (테니스)

バスケットボール (농구)

バレーボール (배구)

体操(たいそう) (체조)

ボクシング (복싱)

たてもの ばしょ

9 建物・場所

건물・장소

おてら (절)

じんじゃ (신사)

きょうかい (교회)

がっこう (학교)

かいしゃ (회사)

こうじょう (공장)

ぎんこう (은행)

ゆうびんきょく (우체국)

けいさつ (경찰)

こうばん (파출소)

びょういん (병원)

ホテル (호텔)

レストラン (레스토랑)

こうえん (공원)

えいがかん (극장)

としょかん (도서관)

はくぶつかん (박물관)

びじゅつかん (미술관)

みせ (가게)

しょうてんがい (상가)

コンビニ (편의점)

ショッピングセンター
(쇼핑센터)

デパート
(백화점)

ビル
(빌딩)

床屋(とこや) (이발관)

図書館(としょかん) (도서관)

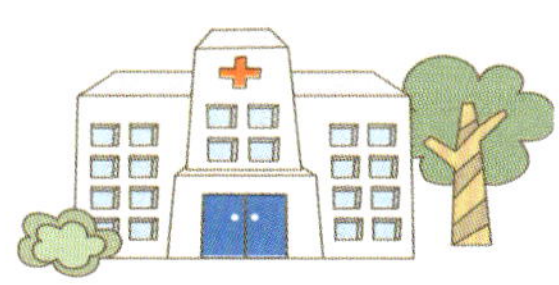

病院(びょういん) (병원)

駅(えき) (역)

遊園地(ゆうえんち) (유원지)

映画館(えいがかん) (영화관)

幼稚園(ようちえん) (유치원)

小学校(しょうがっこう) (초등학교)

体育館(たいいくかん) (체육관)

しょうぼうしょ 消防署 (소방서)	ガソリンスタンド (주유소)	きっさてん 喫茶店 (찻집)

じょう ゴルフ場 (골프장)	じょう ボーリング場 (볼링장)	じょう スキー場 (스키장)

かわ 川 (강)	はし 橋 (다리)	みなと 港 (항구)

や パン屋 (빵집)	やおや 八百屋 (채소가게)	さかなや 魚屋 (생선가게)

はなや 花屋 (꽃집)	や クリーニング屋 (세탁소)	スーパーマーケット (슈퍼)

10 プレゼント・おみやげ

선물

かさ (우산)

おもちゃ (장난감)

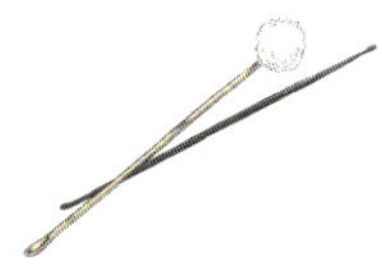

みみかき (귀이개)

カメラ (카메라)

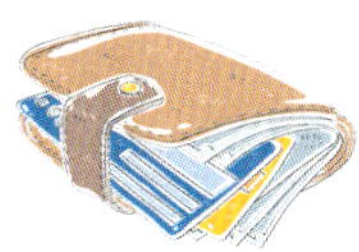

さいふ (지갑)

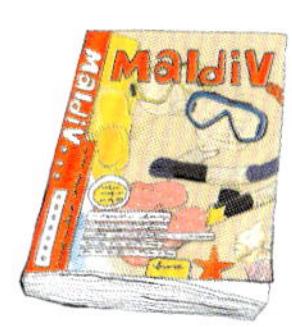

ざっし (잡지)

ティーカップ (찻잔)

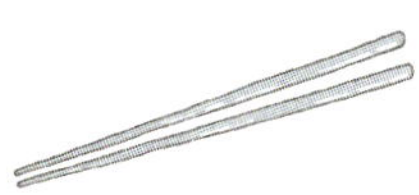

はし (젓가락)

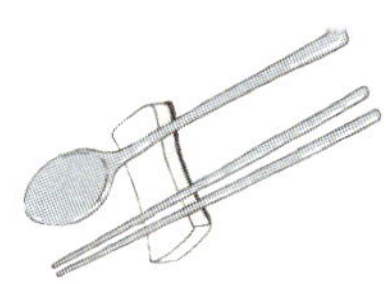

はしおき (젓가락 받침대)

ぬいぐるみ (곰 인형)

ハンカチ (손수건)

ペン (펜)

11 ファッション
패션

服(ふく) (옷)

洋服(ようふく) (양장)

着物(きもの) (기모노)

ゆかた (유카타)

コート (코트)

ジャケット (재킷)

スーツ (슈트)

ワンピース (원피스)

シャツ (셔츠)

Tシャツ (T셔츠)

セーター (스웨터)

スカート (치마)

ジーンズ (청바지)

パンツ (양장바지)

パジャマ (잠옷)

したぎ (속옷)

くつ (신)

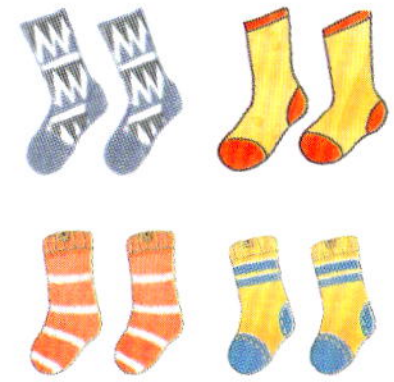

くつした (양말)

アクセサリー
(액세서리)

うでどけい
(손목시계)

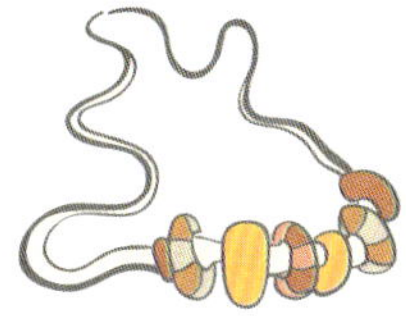

ネックレス
(목걸이)

ピアス (이어링)

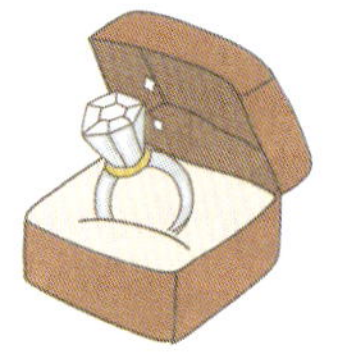

ゆびわ (반지)

スカーフ (스카프)

マフラー (머플러)

てぶくろ (장갑)

ネクタイ (넥타이)

ベルト (벨트)

リボン (리본)

めがね (안경)

ぼうし (모자)

バッグ (백)

かばん (가방)

カード (카드)

おかね (돈)

レシート (영수증)

12 일본 언론사

NHK (日本放送協会)

日本テレビ (니혼 테레비)

テレビ朝日 (테레비 아사히)

TBSテレビ (TBS 테레비)

テレビ東京 (테레비 도쿄)

フジテレビ (후지 테레비)

読売新聞 (요미우리 신문)

毎日新聞 (마이니치 신문)

朝日新聞 (아사히 신문)

日本経済新聞 (일본경제신문)

しんぶん赤旗 (신문 아카하타)

産経新聞 (산케이 신문)

13 일본 자동차회사

トヨタ (도요타)

レクサス (렉서스)

サイオン (사이온)

ニッサン (닛산)

インフィニティ (인피니티)

ダットサン (다트선)

ホンダ (혼다)

アキュラ (아큐라)

マツダ (마쓰다)

三菱自動車 (미쓰비시)

スバル (스바루)

スズキ (스즈키)

14 일본 전자회사

ソニー株式会社
(소니 주식회사)

パナソニック株式会社
(파나소닉 주식회사)

株式会社東芝
(주식회사 도시바)

日立製作所
(히타치 제작소)

シャープ株式会社
(샤프 주식회사)

三菱電機株式会社
(미쓰비시 선기)

富士通株式会社
(후지쓰 주식회사)

三洋電機
(산요 전기)

任天堂株式会社
(닌텐도 주식회사)

NEC	SEGA	Canon
日本電気株式会社 (닛폰전기 주식회사)	セガゲームス (세가 게임즈)	キヤノン株式会社 (캐논 주식회사)
CASIO	OLYMPUS	SEIKO
カシオ計算機株式会社 (카시오 계산기)	オリンパス株式会社 (올림푸스 주식회사)	セイコーホールディングス (세이코 홀딩스)

15 일본 주류회사

アサヒビール
(아사히 맥주)

麒麟麦酒
(기린 맥주)

サッポロビール
(삿포로 맥주)

サントリー株式会社
(산토리)

オリオンビール
(오리온 맥주)

エチゴビール
(에치고 맥주)

大沼ビール
(오누마 맥주)

おらほビール
(오라호 맥주)

銀河高原ビール
(긴가코겐 맥주)

16 標識

생활 표지

トイレ
(화장실)

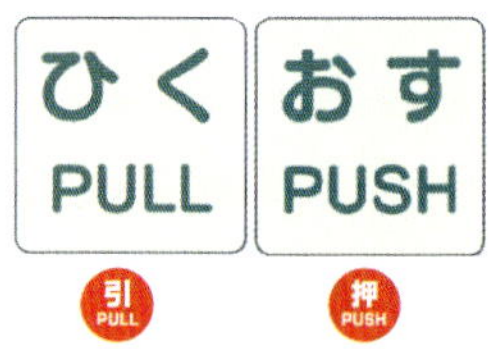

押す (누르다)
引く (당기다)

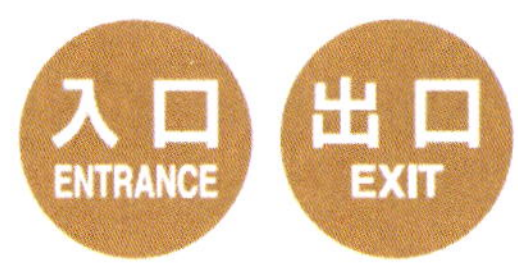

入口 (입구)
出口 (출구)

初心運転者（しょしんうんてんしゃ） (초보운전자)

高齢運転者（こうれいうんてんしゃ） (고령운전자)

身体障害者（しんたいしょうがいしゃ） (신체장애인)

聴覚障害者（ちょうかくしょうがいしゃ） (청각장애인)

危（あぶ）ない (위험)

止（と）まれ (정지)

저자약력

박복원

현) 한국국제대학교 관광일어학과 교수

주요 저서

번역 바쇼의 하이쿠 1(신화출판사)
이야기로 배우는 일본어(중문)
의료관광 일본어(백산출판사)
신세대 일본어(백산출판사)
日本語はおもしろい(백산출판사)
호텔리어 실무일어(백산출판사) 외 다수

주요 논문

韓日漂泊詩人에 관한 研究(일본스미토모연구재단 연구지원논문, 2009)
芭蕉와 孤山의 自然観 比較 研究(일본국제교류기금 연구지원논문, 2011)
芭蕉의 無常観 研究(한국일본근대학회, 2012.05) 외 다수

이미지로 배우는 **일본어**

2016년 6월 25일 초판 1쇄 인쇄
2016년 6월 30일 초판 1쇄 발행

지은이 박복원
펴낸이 진욱상
펴낸곳 백산출판사
교　정 편집부
본문디자인 오양현
표지디자인 오정은

등　록 1974년 1월 9일 제1-72호
주　소 경기도 파주시 회동길 370(백산빌딩 3층)
전　화 02-914-1621(代)
팩　스 031-955-9911
이메일 editbsp@naver.com
홈페이지 www.ibaeksan.kr

ISBN 979-11-5763-257-2
값 18,000원